取引先リスク管理

RISK MONSTER®

第2版

Q&A

Risk Monster Data Factory
リスクモンスター データ工場......著

商事法務

第2版はしがき

　現在リスクモンスターは、約7,000社から日々たくさんの与信管理に関するご相談をいただいており、その内容は「弊社サービスの利用方法」から「与信管理の現場で発生した問題の対応方法」まで様々です。

　与信管理の現場では、取引先の調査や分析、与信審査、債権保全・回収など、それぞれの場面によって必要な知識が異なり、幅広いスキルを求められます。そのため、新たに与信管理担当者となり、十分な知識とスキルを習得するには、長い時間と多くの経験が必要となります。私が過去に与信管理の実務に携わっていた時のことを思い返しても、毎日のように新たな事象に遭遇し、その度に対応方法を探すために駆けずり回っていたことを思い出します。

　本書は、与信管理の現場における手助けになればと、リスクモンスターが2000年9月の設立以来、お客様からいただきました「与信管理実務に関するご相談」について、頻度が高い順にＱ＆Ａ形式で回答した実務者のための手引書です。

　本書を開くと、最初に「取引先が倒産した」、「入金遅延が発生した」という事象が出てきます。与信管理業務において日常的に行われる作業としては、企業の定量分析や定性分析、取引の商流分析ですが、現場の実務において最も対応が難しい事象としては、取引先の倒産や入金遅延の発生であることが読み取れます。

　本書では、与信管理の手順や概念に沿って述べるのではなく、現場で必要とされる知識やノウハウから優先的に書かれていますので、与信管理の現場で日々奮闘されている皆様にお役立ていただける書籍になったのではないかと考えております。

　最後に、この場を借りて、多くの現場情報を与えてくださったリスクモンスターの会員企業の皆様に心から感謝を述べさせていただきます。皆様からいただいたご相談なしには、本書は完成しませんでした。本当にありがとうございます。

　本書が、与信管理に携わる皆様に一つでも有益となるものであれば、この上ない喜びです。

リスクモンスター株式会社 代表取締役社長　**藤本　太一**

初版はしがき

　現在、リスクモンスターは、年間約7,000件のお問い合わせをお客様からいただいております。そのお問い合わせの種類は、「サービスの利用方法」から「与信管理の現場で発生した事象の対応方法」までさまざまです。

　与信管理の実務では、作業段階や発生事象の種類によって必要な知識が異なり、幅広いスキルを求められることから、すべての知識を習得するためには長い時間と多くの経験が必要となります。私が、過去に与信管理の実務に携わっていた時のことを思い返しても、毎日のように新たな事象に遭遇し、そのたびにその対応方法を探すために駆けずり回っていたことを思い出します。

　本書は、そのような与信管理の現場における手助けになればと、リスクモンスターが2000年9月の設立以来、お客様からいただいた「与信管理実務に関するお問い合わせ」を収集し、お問い合わせの頻度が高い順に並べ、リスクモンスターの誇る与信管理のプロフェッショナル達がそのお問い合わせに対して回答した実務者のための手引き書です。本書を開くと、最初に出てくる事象が、「取引先が倒産した」、「入金遅延が発生した」という事象です。与信管理で最も活用されるスキルとしては、企業の定量分析や定性分析であったり、取引の商流分析であったりしますが、実際に現場において困る事象としては、取引先の倒産や入金遅延の発生への対応であることが、読み取ることができます。そのような意味では、与信管理の現場で知りたいことが本書には書かれているので、与信管理の現場で奮闘されている皆様にお役立ていただける書籍になったのではないかと考えております。

　最後に、この場を借りて、多くの現場情報を与えてくださったリスクモンスターの会員企業の皆様に心から感謝を述べさせていただきます。皆様からいただいたお問い合わせなしには、本書は完成しませんでした。本当にありがとうございます。本書が、与信管理に携わる皆様に一つでも有益となるものであれば、この上ない喜びです。

2014年6月

リスクモンスター株式会社　代表取締役社長　　藤本　太一

目　　次

Part 1. 回収できないかもしれない！

Part 2. 転ばぬ先の杖

Part 3. もしかして危険のサイン？

Part 4. 与信管理の仕組みを作ろう

Part 5. 取引をはじめよう！

Part1

回収できない
かもしれない!

取引先が倒産か！？
まず何をしたらいい？

A 　まずは、電話でのヒアリングを試みたうえで、取引先の本社や工場を訪問し、現状を確認します。法的整理を行う際には、事務所の入り口に、整理内容や代理人弁護士の連絡先などが記載された通知が掲示されていることが多いので、通知が掲示されている場合は、内容を確認し、どのような手続に移行するのかを把握する必要があります。

　確認の結果、倒産の事実が明らかになったら、自社債権の回収見込みについて検討しなければなりません。

解説

✎　事実確認

　「取引先が倒産したかもしれない！」という情報を入手した場合には、まず取引先に電話して営業状況を確認しましょう。自社は速やかに債権の回収方針を策定する必要がありますので、電話での確認だけでなく、本社事務所や工場への訪問も行い、正確に営業実態を把握するように努めましょう。

　電話や訪問において、倒産状態にあることが確認できた場合には、取引先の経営者や代理人弁護士などにヒアリングを図り、今後の手続の見通しなどについて確認する必要があります。

✎　自社債権の確認

　取引先の倒産が判明した場合には、自社債権について以下の点などを確認し、回収の準備に入りましょう。

・債権、債務、契約残　・債権債務の種類　・担保の有無

・支払期日　　　　　　・自社販売商品の所在

・契約書の内容（期限の利益の喪失、出荷停止、契約解除、相殺条項等）

✎　回収方針の検討

　債務者（代理人）へのヒアリングにおいて、自社の債権回収に対して債務者が協力的であるか否かを客観的に見極めることは、その後の債権回収方針を決めるうえで非常に重要です。債務者の協力姿勢に応じた適切な回収活動の初動につなげましょう。

✎　回収活動の初動

(1)　出荷停止

　自社の未回収債権を増やさないために、出荷前や輸送中の商品について速やかに停止手続を行う必要があります。再建型倒産等で相手方が事業継続を前提として、引き続きの納品を求めてきた場合は、現金での前払いを要求しましょう。

(2)　契約解除

　債務者の手元に代金未払いの自社販売商品がある場合には、取引先との合意のうえで契約を解除して、自社商品を回収します。

(3)　裏書譲渡手形を活用

　債務者が第三者振出手形を所持している場合、裏書譲渡してもらうことで回収を図ります。

(4)　相殺による回収

　自社が債務者に債権と債務の両方を有している場合で、かつ当該債権債務が相殺適状となっている場合には、相殺により自社の債務を消滅させる旨を内容証明郵便で意思表示を行ったうえで相殺を実行します。内容証明郵便については **Q4** で詳述します。

　近年では電子記録債権の流通も増加しており、同債権についても、相殺することが可能です。

Q2 支払遅延が発生した！まず何をしたらいい？

> **A** 　支払遅延となった原因を確認します。回収異常の原因は、取引先だけにあるとは限りません。請求漏れや請求金額の相違など、まずは自社からの請求内容に誤りがないかを確認しましょう。自社の手続にミスがない場合には、取引先に原因があるものと考えられますので、取引先に連絡し、支払遅延の原因について確認する必要があります。

解説

✎　社内手続の確認

　入金異常の原因が自社内にある場合には、以下のことが考えられます。
・請求漏れ
・請求内容（数量・金額・支払期日）の相違

✎　取引先へのヒアリング

　取引先の支払遅延の原因としては、「資金繰りには問題ないが事務手続のミスによって支払遅延が生じた場合」と「資金不足によって支払遅延が生じた場合」の2つに分けられます。

　前者であれば、速やかに入金の約束を行い、約束どおり入金確認ができれば大きな問題はないと考えられますが、あまり頻繁に生じる場合には、管理体制に不安があると捉えることができます。また、実際は資金繰りが厳しい可能性もあることから、取引先の財政状態や支払遅延の実態を把握する必要があります。

　後者の場合には、支払いの意向を確認したうえで、支払方法、支払日など
をできるだけ明確に約束するように努めなければなりません。取引先へのヒ
アリングは回収活動の第一歩であり、取引先の状況を正確に把握できるか否
かで、回収成果に大きく影響します。そのため、取引先への初期ヒアリング
を営業担当者が行う際には、取引先へ肩入れすることなく、客観的に事実を
把握する姿勢に心掛けることが重要です。

✎　取引状況の確認

　支払遅延が発生した場合には、以下の取引状況を確認し、いつでも回収活
動に移行できる準備を整えましょう。

　・債権、債務、契約残（契約締結後、一部が履行されたのみで、契約内容
　　全体としては、未了状態にあるもの）がどのくらいあるか。
　・契約書はどのような内容（条項）で締結されているか。
　・自社が納入した商品の所在はどこか。
　・担保や保証人など、保全状況はどうなっているか。

✎　支払遅延発生時の対応方法

　資金不足による支払遅延の場合、近い将来に取引先が倒産する可能性もあ
ることから、いち早く債権の回収・保全の準備をしなければなりません。
　まず、取引先と取引を継続する必要がある場合には、「取引量の縮小」や
「支払サイト短縮」、「支払方法の変更」などを検討する必要があります。特
に支払方法を「第三者振出手形の裏書譲渡」や「前払い」に変更することは、
その後に発生する債権に対して有効な保全策となりますので、積極的に打診
したい点です。
　一方、取引を中止したい場合には、「出荷停止」や「契約解除」などを検
討する必要があります。いずれも一時的な支払遅延というだけでは、取引先
に対して提示する要件として十分ではない可能性がありますので、取引基本
契約書に「出荷停止条項」や「契約解除条項」の記載がない場合には、「不
安の抗弁権」を行使できるように、「取引先の経営状態の把握」や「取引先
への追加担保の打診」などを行う必要があります。

支払延期（手形ジャンプ）要請を受けた！まず何を検討すればいい？

A 　手形ジャンプの要請は、「支払いができないので支払期日を猶予してほしい」という意思表示であるため、倒産の可能性が高まっている状態と考えるべきです。

　また、資金繰りに窮する中で、最後の手段として得意先である自社に支援を依頼しているということも考えられるため、信用状態がきわめて危険な状態にあると言える状態です。

解説

✎　手形ジャンプとは

　取引先から振り出された手形が支払期日に決済できずに不渡りとなってしまう場合に、支払期日を書き換え、決済を延長することです。

　手形ジャンプの要請があった場合は、安易に応じるのではなく、延期した支払期日に入金が可能か慎重に調査・検討したうえで、対応の可否を判断しなければなりません。また、検討においては、手形ジャンプを容認した場合の自社の資金繰りへの影響についても考慮を忘れないようにしましょう。一方で、決断が遅れたり要請を断ると、不渡りとなり取引先の倒産に直結しうることから、早急な判断が必要になる点にも注意が必要です。

✎　手形ジャンプ相談時のヒアリングポイント

・資金不足の理由：業績悪化、貸倒発生など
・支払延期の期間・金額：いつまで、いくらの支払延期をすればよいのか
・手形ジャンプの依頼状況：他社への要請など

・資金調達計画：金融機関との交渉状況など

✎ 入手すべき情報

　取引先から「資金繰り表」や「月次決算書（試算表）」、「税務申告書」、「勘定科目明細書」などを収集し、資金繰りの計画・見通しを確認します。また、担保設定状況や自社販売商品の所在などを確認し、取引先が支払不能に陥った場合の回収に備えましょう。

✎ 手形ジャンプ対応の検討ポイント

⑴　支払延期の期間・金額

　資金不足となっている原因に対して、その是正策（収支改善、金融調達など）の実施時期によって必要な支払猶予期間が変わります。猶予期間が無闇に長くなっていないか、支払可能な状態になるのに妥当な期間や金額になっているかを資金繰り表や月次決算書（試算表）を用いて検討します。

⑵　担保による保全強化

　現在の担保設定状況を確認し、現状での保全金額を試算します。また、試算上、担保によって債権が保全されている状態であったとしても、よほど確実に回収できる見込みがない限り、追加担保の徴求を検討すべきです。資産力のある関係者がいる場合には、連帯保証人を追加徴求することも有効です。

⑶　書面による保全強化

　手形ジャンプは、単純に「手持ち手形」と「新たな期日を記入した手形」を差し替えればよいというものではありません。差替えを行う際には、手形繰延依頼書を付し手形債務の同一性を保てる状態にしておくことが必要です。さらに場合によっては、執行文言付の公正証書を締結することによって、債務履行の強制力を高めることも有効です。

⑷　債権譲渡（ファクタリング）の検討

　ファクタリングは取引先の売掛金・手形を売却することによって代金回収を図る方法であり、取引先に対して支援しないという姿勢になります。取引先の資金繰り状況にもよりますが、手形ジャンプの依頼が２回目以降の場合は、ファクタリングによる債権の回収を優先して検討すべきと言えます。

支払遅延債権を回収したい！
まず何をしたらいい？

> **A**　支払遅延債権を回収するためには、まず取引先に対して、「債務の支払期限がすでに経過していることを通知し、債務の履行を促す」ことから始めることになります。さらに、取引先に対して保有するすべての債権の回収を図りたい場合には、期限未到来の債権に対しても請求できるように「支払遅延を理由とする期限の利益の喪失」を事前に行う必要があります。

解説

✎　督促状（催告書）

　債務の支払いを促す文書として、督促状（催告書）があります。督促状（催告書）は、取引先が自社に対して負う債務について、すでに支払期限が到来していることを通知し、速やかに履行することを伝える文書です。督促状（催告書）の送付方法として、書留や配達証明付内容証明郵便で送付することもありますが、取引先に対して請求した事実を証明するためには、後述の配達証明付内容証明郵便で送付することが必要です。

✎　期限の利益喪失通知

　取引先に対する全債権が支払期限を経過しているのであれば、督促状（催告書）の送付で事足りますが、期限未到来の債権がある場合には、「期限の利益」により、当該債権を債務者に請求することができません。取引先に対する全債権について回収を図ろうとする場合には、「期限の利益」を喪失させ、期限未到来の債権に対しても請求可能な状態にすることが必要です。

　契約書に「期限の利益喪失条項」を設けておけば、取引先が支払遅延状態になった場合に、期限の利益の喪失によって、取引先に対する全債権の期限を到来させ、請求可能な状態にすることが可能です。期限の利益の喪失には、当然喪失と請求喪失の２種類があり、契約書に定めることで、使い分けることができます。当然喪失は、一定の条件を満たした場合に、自動的に期限の利益が喪失されることになりますが、請求喪失では、「期限の利益喪失通知」が取引先に送達されて初めて期限の利益を喪失させることができます。

　「期限の利益喪失通知」は、到達したことを証明するために、配達証明付内容証明郵便にて送付する必要があります。内容には①契約内容、②請求する債権の内容、③支払期限に加え、期限を超過しても支払いが行われない場合は、期限の利益を喪失させ、一括返済を請求する旨を記載します。

✎　内容証明郵便

　内容証明郵便は、郵便局によって差出人・宛先の他、記載された内容を証明するものであり、裁判の証拠物とできます。

　内容証明郵便を送ることにより、暫定的に、時効の完成猶予の効果も生じさせることができます。時効については、**Q18**で詳述します。

　送付方法は、作成した文書と同一文書（謄本）２通の合計３通を郵便局へ提出する方法と、インターネット上で24時間発送できる電子内容証明の２種類があり、最近では後者が主流となっています。Wordファイルで作成した内容証明文書をインターネットにアップロードするだけで、郵便局が印刷・照合・封入まで実施し、内容証明郵便として発送してくれます。

　電子内容証明は、複数の企業へ同時に送付することが可能であり、従来の内容証明郵便より価格帯も安くなっています。横書き・縦書きどちらでも認められていますが、電子内容証明の規定として、①文書枚数：最大５枚まで、②文字サイズ10.5ポイント以上145ポイント以下、③余白：上左右1.5cm 以上、下７cm 以上（全ページ）で作成しなければなりません。

　また、内容証明郵便で催促後、取引先が受取拒否や無視をすることは珍しくありません。差出人を自社名義ではなく、弁護士名義にすることで、債権回収の促進可能性があります。費用対効果を考慮し、活用を検討しましょう。

Q5 支払遅延している取引先から返済の協力を得られそうだ。
どんな回収方法を検討すればいい？

A 「取引先の協力が得られる」ということは、交渉や話合いが可能であるということですから、取引先が了解すれば、短期間にかつ効率的に回収することができるということです。とはいえ、悠長に回収方法を検討する余裕はありませんので、冷静に、かつ迅速に支払条件の確認を行います。

解説

✎ 迅速な交渉

まずは電話や手紙（郵便）などで連絡しますが、このような状況下においては、取引先は、全債権者に対して十分に返済できるだけの資源（資金）を持っていないことが前提として考えられるため、とにかく他社よりも先に支払いを受けられるように、迅速に交渉しなければなりません。

✎ 回収方法

（1）自社販売商品の回収

取引先に自社が販売した商品が保管されている場合は、「契約解除し自社商品を引き揚げる」、「代物弁済として商品を回収する」、「自社が商品を買い取る売買契約を新たに結ぶ」などの方法で、自社販売商品を回収することが可能です。

契約解除を行う際には、通常は契約解除の通知を配達証明付内容証明郵便で送付しますが、緊急時は取引先に持参して日付入りの受領印をもらうこと

で代用することもできます。

(2)　支払方法の変更

取引先に「第三者振出の手形がある場合には、当該手形を裏書譲渡してもらう」ことで、回収に充てることができます。このほか、取引先は「第三者に売掛金を有している場合には、債権譲渡契約を締結する」ことで、第三者から回収を図ることができるようになります。

債権譲渡の手続としては、

① 債権譲渡通知書を準備する（誰が、何の債権を、誰に譲渡するのかを記載する）

② 通知書に取引先が署名または捺印

③ 通知書を第三債務者に送付する

となります。債権譲渡を第三者に対抗するためには、③の通知を確定日付のあるもの（配達証明付内容証明郵便等）とすることが考えられます。また、法人が金銭債権を譲渡する場合などにおいては、その内容を債権譲渡登記所に備える債権譲渡登記ファイルに登記することで、第三者に対抗することができるようになります。

(3)　和　解

和解とは、当事者が互いに譲歩し、その争いを止めるために新たな契約をし、合意することです。取引先に新たな期限の利益を付与したり、取引先の債権の一部を免除する代わりに、支払期日を早めるなど、新たに契約（和解）することにより、回収の確実性を高めることができます。

和解契約は口頭でも行うことが可能ですが、当事者間での食い違いによるトラブルを回避するためにも、必ず書面（和解合意書）を作成しましょう。

(4)　公正証書の作成

公正証書とは、公証人役場で公証人が作成する証書のことです。

特に強制執行認諾文言付の公正証書は、これを債務名義として強制執行することができるため、契約の効力を確実にすることができます。

Q6 取引先に返済意思がない！どんな回収方法を検討すればいい？

A 「返済意思がない」ということは、取引先の協力が得られず、自社のアクションだけで回収を図らなければならないということです。つまり、回収に時間がかかり、困難になるということです。したがって、できるだけ早く、そしてできるだけ多く回収するための方法を検討し、計画的に実行していくことが重要になります。

解説

◇ 「取引先の協力が得られない」場合の回収のポイント

・回収の優先順位を考え、素早く対応する。
・自社の優先権を主張できるものから対応する。
・換金性の高い動産・債権を最優先の回収対象資産として考える。

◇ 相 殺

　相殺は、自社からの一方的な意思表示により行うことができるため、自社と取引先の双方が同種の債務を負担している場合は、相殺を用いることで優先的に債権を回収することができます。

◇ 担保権の行使

　担保権を有している場合は、担保権を行使し回収を図ります。ただし、担保権による回収方法は、担保対象物や担保物権によって異なりますので注意が必要です。

　保証人を徴求している場合には、保証人への催告を行います。保証人は、追及を逃れるために資産を隠蔽することもあるので、速やかに保証人の資産状況を調査し、価値がある資産に対しては、裁判所に「仮差押え」または「仮処分」の申請を行い、保全を図りましょう。

✎　取引先の資産調査

　相殺や担保権の行使による債権回収が困難な場合は、強制執行により債権回収を図らなければなりません。回収可能な資産を明らかにするために、事前に取引先の資産を調査し把握しましょう。

　不動産を調査する場合には、取引先の本店や営業所など、把握している土地・建物の不動産登記簿を取得し、会社や保証人となっている場合は代表者の所有不動産がないか確認しましょう。また、既に金融機関が担保を設定している場合は、不動産の余剰価値が無いことも考えられますので、（根）抵当権の設定有無を確認し、配当余力が見込まれるかを確認する必要があります。

　預金を差押えするためには、取引銀行を把握する必要があるため、通常の取引で判明している口座の他、決算書の勘定科目明細書や、不動産登記簿の担保設定者を確認することで、取引銀行が判明することがあります。

✎　強制執行

　強制執行によって回収を図りたい取引先の資産（不動産、動産、債権など）が存在する場合には、仮差押えにより、債務名義を取得するまでに資産が毀損しないよう保全を図ることが一般的です。

　強制執行するためには債務名義が必要ですので、訴訟や少額訴訟、手形訴訟、支払督促、調停などを通じて債務名義の取得を目指します。強制執行は、不動産や動産、債権に対して行うことができます。詳細は、**Q17**で詳述します。

✎　通常訴訟

　強制執行のための債務名義の取得方法の1つとして、訴訟の提起が挙げられます。通常訴訟は、判決まで数カ月を要するため、支払督促や少額訴訟などの手続と迅速性や確実性を比較検討したうえで、実施を判断します。

Q7 担保対象物を処分して回収したい！
どうしたらいい？

> **A** 担保の実行方法は、担保対象物および担保物権によって異な
> ります。所有権留保や譲渡担保であれば、一定の手続を経れば、
> 自社で、任意売却によって処分し回収することも可能ですが、
> （根）抵当権や先取特権や留置権では、取引先との合意ができ
> ない限り、競売での処分に限定されます。また留置権において
> は、優先弁済権を有していないため、直接債務の弁済として充
> 当することができないため、注意が必要です。

解説

✎ 任意売却

　担保対象物の処分においては、まず、担保対象物の所有者と交渉し、通常
の売買による売却（任意売却）を目指します。

　任意売却のメリットとしては、競売よりも高い価格で処分できる可能性が
高い点が挙げられます。また、取引先にとっても、自身の意思で売却を進め
られるため引渡し時期や、売却後の返済方法、返済額などを定めやすくなり
ます。しかし、自社が想定した金額で買い受ける相手を見つけるには、相応
の時間を要することも少なくないため、回収速度と回収金額のバランスを見
極めながら任意売却を探っていくことが重要になります。

　任意売却における配当は、競売と同様に担保権の順位によることになりま
すが、競売と異なる点として、任意売却を行うためにはすべての担保権者の
同意が必要となるため、本来無配当となる後順位の担保権者に対しても、担
保解除料という名目で、若干の配当を行うことが慣例となっている点が挙げ

られます。

✎ 担保権の実行（競売）

　担保権の実行による担保対象物の処分は、競売手続により行います。競売により担保対象物が差し押えられ、競売開始決定後は入札または競り売りのいずれかにより手続が進められます。その後、担保権設定順位に応じて、売却代金から配当を受けることになります。

【図表】競売手続の流れ

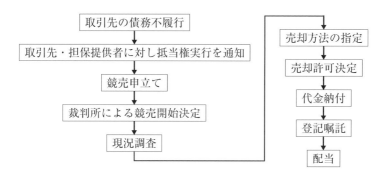

✎ 担保権の実行（物上代位）

　担保権の実行においては、競売手続による回収のほかに、物上代位による回収が可能です。物上代位における担保権の実行の例としては、賃貸不動産などの収益物件に対して、物件が生み出す果実（家賃）に対して差押えを行い、所有者に代わって回収したり、動産売買先取特権において、自社販売商品を転売した売掛債権に対して差押えを行い、債務者に代わって第三債務者から回収することが挙げられます。

　ただし、物上代位の申立てを行うためには、担保対象物と代位物の関係性を明確に示す必要があるため、申立前に賃借人の把握や転売した売掛債権の証明など、事前に情報を収集し、準備を整えておくことが肝要です。

倒産した取引先に自社が販売した商品がある！どうすれば回収できる？

A 取引先に自社が販売した商品がある場合、その商品を回収することによって、実質的に貸倒れを回避することにつながりますので、回収活動の初期動作として、是非とも取り組みたいところです。取引先から自社販売商品を回収する方法としては、「契約解除」や「売買契約の締結」、「所有権留保の主張」など、いくつかありますが、取引先の協力姿勢によって、取りうる方法が変わってきますので、まずは取引先の協力姿勢を把握することが必要です。

解説

✎ 取引先の協力が得られる場合

（1） 売買契約を解除する

契約解除の通知を配達証明付の内容証明郵便で送付します。なお、緊急時は取引先に持参して日付の受領印をもらいます。契約解除通知には、①契約内容、②売買代金未払いであることに加え、契約を解除すること、および自社商品の返品を請求する旨を記載します。

契約解除後、自社商品を引き揚げます。ただし、同じ契約に対して別途先取特権を行使する予定がある場合には、契約解除によって先取特権自体も消滅してしまうことになるため、注意が必要です。

（2） 新たな売買契約を締結する

自社販売商品について、自社が買主、取引先が売主となる売買契約を新た

に締結することで、商品を回収し、売買契約によって発生した債務は、当初の売買契約によって発生した債権と相殺することで、消滅させます。

(3)　代物弁済として回収する

債務の支払いにおいて、金銭の代わりに自社販売商品（物）で弁済することにより、実質的に商品を引き揚げることができます。代物弁済の実施においては、代物弁済契約書に、①債務内容、②代物弁済の対象となる物品を記載し、締結する必要があります。

(4)　所有権留保を行使する

通常、商品の引揚げには契約解除が必要です。しかし、契約書で所有権留保条項を定めている場合は、取引先に返品伝票を発行してもらい、取引先と返品について合意することで商品の引揚げが可能になります。

✎　商品引揚げ時の注意点

自社販売商品の引揚げ時においては、取引先から同意書を受領し、かつ、取引先の立会いのもと、商品を引き揚げます。自社の商品だからと言って、取引先の合意を得ずに引き揚げると、住居侵入罪や窃盗罪などに問われるおそれがありあますので、注意が必要です。また、速やかに合意が得られない場合には、商品確保のために見張りを立てるなどの策を講じる必要もあります。

✎　取引先の協力が得られない場合

自社販売商品の引揚げには、取引先の合意が必要となるため、合意を得られない場合は、商品をそのまま回収するわけにはいきません。この場合は、法定担保権である先取特権の行使により、自社販売商品を競売にて処分し、その代金を回収することとなります。先取特権を行使する際には、対象物を隠匿されたり、勝手に処分されることを防ぐために、占有移転禁止・処分禁止の仮処分の申立てを同時に行うことが望ましいです。

取引先が法的整理をした！
まず何をしたらいい？

> **A** 　「取引先が法的整理をした」ことが判明した場合、まずは取引先がどの種類の手続を行うのかを確認することが重要です。また、取引先に連絡して、状況や今後の手続方針を確認しますが、取引先に連絡がつながらない場合は、代理人弁護士に連絡することでスムーズに状況を把握できます。
> 　法的整理においては、基本的に債権の届出を行い、届け出た債権に対して、法的手続のルールに沿って配当を受領する、という形になります。

解説

✎　手続種類の確認

　一言に法的整理と言っても、清算型（破産手続、特別清算）なのか、再建型（民事再生、会社更生）なのかによって、手続のフローや回収の見込みが異なるため、取引先が法的整理をした場合には、どの手続による整理を申し立てたのかを必ず確認するようにしましょう。

✎　交渉停止

　債権回収活動において、通常、回収交渉は取引先と行いますが、法的手続が開始された場合は、その後の回収活動は原則として法的手続に従って行う形となりますので、取引先との個別交渉を停止しなければなりません。

✎　債権届出

　法的整理において、共通して行われる手続として、債権届出があります（破産手続における同時廃止の場合には、債権届出は行われません）。債権届出は、法的手続開始後、裁判所が定める期間内に、債権者が裁判所に対して自身が有する債権内容を届け出る作業です。

　債権届出を怠った場合は、その後の手続に参加できず、配当を得られなくなるため、必ず債権届出期間中に提出するように注意しなければなりません。債権届出書は、取引先が法的整理申立て時に自社を債権者と認識して、裁判所に申告していれば、手続開始後に裁判所から書類が送付されてきますが、申告対象外だった場合には、自ら債権届出書式を裁判所から取り寄せる必要があります。

　債権届出書には、自社が保有する債権の元金のみでなく、利息や遅延損害金が発生している場合には、合わせて記載し届け出ましょう。また疎明資料の提出も求められますが、速やかに提出できない場合でも、破産手続に参加するために、期日までに債権額は届け出ておくべきです。

✎　相　殺

　自社に相殺可能な債権・債務が存在する場合には、法的整理の開始後、できるだけ速やかに相殺手続を行いましょう。法的整理の種類によっては、債権届出期間内に相殺手続を完了させなければ認められないこともあります。

　相殺可能な債権・債務を有しながら、相殺を実行しないままでいると、最悪のケースでは、相殺が認められず、本来回収可能であった債権が回収できなくなるほか、債務についても支払いを求められることになり、被害が拡大することになりますので、忘れずに相殺を行うように注意が必要です。

取引先が破産手続を申し立てた！
まず何をしたらいい？

A 　取引先が破産手続を申し立てると、それ以降は、基本的に破産手続に基づいて回収を図るのみとなるため、自社が行える回収活動は、きわめて限定的になります。
　　そのため、「相殺」や「担保権の実行」などのように、破産配当以外での回収が見込める回収方法が非常に重要になるので、行使可能な場合には、積極的に活用して回収を図る必要があります。

解説

✎　自社債権の確認

　取引先に対する自社の債権債務について、「債権額、債務額、契約残高」、「債権債務の種類」、「支払期日」、「担保の有無」などを確認し、債権届出書を作成する準備を整えます。

✎　開始決定・債権届出

　通常、破産手続の開始が決定されると、裁判所から債権者へ破産手続開始決定書と共に債権届出書が送付されます。ただし、破産手続の申立準備における事前の債権調査の結果、明らかに配当する資産が無い場合は、同時廃止が適用され、当該通知をもって手続終結となります。債権届出書は、債権届出期間内に裁判所へ提出する必要があります。債権届出については **Q9** で詳述しています。

✎ 債権者集会

　債権者集会は、裁判所の招集・指揮の下に開催される会議のことです。通常、破産手続開始決定後2〜4カ月経過した頃に開催されます。破産債権者に対して手続の進行に関する情報開示が行われます。債権者集会では、「破産に至った経緯」、「破産手続のスケジュール」、「配当見込みの有無」などを確認できますので、できるだけ出席すべきです。

✎ 回収方法

(1) 相　殺

　相殺が可能な条件が整っていることを確認し、相殺通知書を内容証明郵便で送付します。

　破産手続においては、相殺の意思表示について、特に期限を定めておらず、最後配当に関する除斥期間の満了（配当通知があった時から2週間）までであれば相殺を行うことが可能ですが、破産管財人から相殺予定について確認があった場合には、実施予定である旨の意思表示をしておかなければ認められなくなるおそれがありますので、注意しなければなりません。

(2) 担保権の行使

　破産法では、特別の先取特権や質権、抵当権、商事留置権などの担保権を保有する者は「別除権者」と呼ばれます。別除権の行使は、破産手続外で行うことができ、「競売」または「任意売却」によって換金されます。

(3) 配　当

　配当とは、破産管財人が破産財団に属する財産を換価することで得られた金銭を、破産債権者に対して等分に配分する手続のことです。債権者の優先順位は法定の順で、債権額に応じて配当が行われます。全ての財産の換価が完了すると債権者集会が開催され、配当の方針が報告されます。配当は、一般的にその2〜3カ月後に実行されます。

取引先が民事再生手続を申し立てた！ まず何をしたらいい？

A 　民事再生手続においては、再生計画案が認可されて初めて民事再生手続に基づく弁済が開始される点が破産手続と大きく異なります。「取引先の再生において、自社の取引継続が必要なのか」、「再生計画は妥当なのか」など、破産手続よりも検討事項が多くなりますので、注意が必要です。

解説

✎ 自社債権の確認・債権届出

　破産手続（**Q10**参照）における債権確認と同様に「債権額、債務額、契約残高」、「債権債務の種類」、「支払期日」、「担保の有無」などを確認し、定められた期間内に裁判所へ債権届出書を提出する必要があります。

✎ 債権者集会および再生計画案の決議

　民事再生手続の債権者集会においては、破産手続と同様に「民事再生に至った経緯」や「手続のスケジュール」などが報告されるほか、破産手続における債権者集会にはない議題として、「再生計画案の決議」が行われます。

　民事再生手続における再生計画案では、「債務の弁済期限は10年を超えない」ことと定められています。原則、債権者は債権額に応じて再生計画案に対する議決権を有することとなり、認可決議には、「決議権者の過半数の同意」および「議決権票の議決権の総額2分の1以上の議決権を有する者の同意」が必要となります。決議によって、再生計画案が否決された場合は、民事再生事件は裁判所の職権により破産事件へと移行し（民事再生法250条1

項）、以後は破産手続によって回収を図ることとなります。再生計画案に対する検討においては、事業計画の実現性の他、債権のカット率、返済計画の妥当性について吟味する必要性があります。認否には大口債権者の意向が大きく影響するため、自社が大口債権者の場合には、特に再生計画案の内容を十分に理解し、検討したうえで賛否判断を行う必要があります。

✎ 回収方法

(1) 相　殺

　相殺を行う手続に関しては、破産手続の場合と同様ですが、民事再生手続においては、債権届出期間内に相殺手続を済ませる必要があるため、相殺可能な債権は、再生債権届出期間の満了前に相殺が可能な状態（相殺適状）になっていることが必要になります。また、相殺の意思表示についても、同じく届出期間満了前に行う必要があります。

(2) 担保権の行使

　民事再生手続においても、特別の先取特権や質権、抵当権、商事留置権などの担保権を保有する者は、破産手続と同様に「別除権者」と呼ばれます。別除権の行使は、民事再生手続外で行うことができ、「競売」または「任意売却」によって換金されます。

　また、再生計画案において、「事業継続に欠くことができないと判断される資産」に担保権が設定されている場合は、当該担保物件を処分することが事業の再生を妨げることとなるため、債務者と別除権者の合意の下で、「別除権協定」を締結し、担保物件を処分しない代わりに、担保物件の価値と同等の金額について分割弁済していくことを約すことができます。

　なお、別除権を行使しても回収しきれなかった債権については、民事再生手続に参加することで回収を図ることができますので、債権届出時に別除権行使による弁済を受けられないと見込まれる額を忘れずに記載しておく必要があります。

Q12 取引先が私的整理を選択し、
債務免除（和解）を求められた！
何を検討すればいい？

A 　私的整理を選択した取引先から「一部弁済を条件とした債務
免除」などを求められた場合には、「取引先との今後の取引方
針」、「再生計画の全体像」、「自社の債権ポジション」、「法的整
理の場合との比較」等を確認したうえで、提示された条件の受
入可否を判断する必要があります。

解説

✎ 今後の取組方針

　取引先からの債務免除に対しては、今後も継続して取引を行っていくのか
経営危機先との取引は危険と考え取引を撤退するのかによって、大きく判断
が異なってきます。前者であれば、「今回は損失を被るが、今後の取引でま
た回収しよう」となりえますが、後者では、「自社にとって取引先の再建は
重要ではない」という判断になりますので、現在保有している債権をいかに
回収するか、が最大の関心事となります。そのため、債務免除の申出に対し
ては、自社の今後の取引スタンスを把握しておくことが、対応を検討するう
えで重要な要素となります。

✎ 再生計画の全体像

　取引先から債務免除の申出があった場合、再生計画に基づいて提示されて
いるものと考えられますので、再生計画の内容について、以下の点などを確
認し、検討材料とするべきです。

・再生計画は、どんなスキームに基づいているのか
　⇒「私的整理ガイドライン」、「中小企業再生支援協議会」、「事業再生
　　ADR」など
・再生計画の骨子は、どのようなものか、また実現性はあるのか
　⇒「債務の圧縮」と「事業収益性の改善」のどちらに主眼が置かれてい
　　るのか
・債権者への弁済計画
　⇒「金融機関への弁済計画」と「取引先への弁済計画」の相違など
・他の債権者への提示条件と比べて不利な条件になっていないか
　⇒「債権カット率」、「返済期間」など

✎　自社の債権ポジション

　法的整理においては、自社の債権ポジションによって、弁済に影響が生じることはほとんどありませんが、私的整理においては、債権ポジションによっては、回収に有利不利が生じる可能性があります。ただし、これは大口債権者だから有利というわけではなく、大口債権者であれば、その発言権を活かして回収条件を有利にできる可能性もあれば、一方で、再建のために他の債権者よりも協力姿勢を強めなければならない可能性もあります。ですから、自社の債権ポジションを把握し、交渉の方向性を検討する材料とすることが望ましいと言えます。

✎　法的整理の場合との比較

　取引先が私的整理を望んでいても、協力することが自社にとってメリットがないのであれば、無理に応じる必要はありません。判断材料の1つとして、取引先が法的整理を申し立てた場合の自社の回収金額等を想定してみることが有効です。特に債権者において、私的整理で債務免除する際は、有税償却となる可能性がありますので、単純に金額や期間だけでなく、債権放棄の手続まで踏まえて検討する必要があります。

Q13 倒産にはどんな種類があるの？

A　「倒産」とは、一般的に「企業が資金繰りに窮し、事業を継続することが困難になる状態」のことを言います。

　　倒産は、裁判所の監督下で行う「法的整理」と裁判所の監督によらずに行う「私的整理」に分類することができ、さらにそれぞれ「再建型」「清算型」に分類することができます。

解説

✎　再建型の法的手続

（1）　民事再生手続

　個人・法人問わず運用可能であり、債務者主導で手続を進め、債務者である経営者が経営を継続しながら再建を図ることができます。民事再生手続開始後、スポンサー企業を確保し、その支援のもとに再建を図る「スポンサー型」、民事再生手続開始前に、スポンサー企業を確保し、再生計画に対する同意を得たうえで、再建を図る「プレパッケージ型」、自社の将来収益を原資に再生債務を弁済し、自力での債権を図る「自力再建型」に大別されます。

（2）　会社更生手続

　経済的に窮境にあるものの、再建の見込みがある「株式会社」について、破産を避けて再建を目指す手続です。民事再生手続と異なり、株式会社以外は申立てができません。また、経営者は経営から排除され、裁判所主導で再建を進めます。申立ての要件としては、民事再生手続と同様です。

✎ 清算型の法的手続

(1) 破産手続

　債務を完済することができない債務者の全財産を破産管財人が管理・換価し、債権者の優先順位と債権額に応じて公平な弁済を図ることを目的とします。再建型と異なり、破産手続終結後、会社は清算され、消滅します。支払不能または債務超過を理由に破産の申立てを裁判所に行うことができ、裁判所はその原因があると認めると破産手続開始を決定します。破産手続では、裁判所が任命する破産管財人によって、債務者の資産整理、債権者への分配が行われ、債権者は原則として個別の権利行使が禁止されます。

(2) 特別清算手続

　解散後、清算中の株式会社について、清算の遂行に著しい支障をきたすべき事情、または債務超過の疑いがある場合に開始されます。裁判所の監督下で行われる手続ですが、簡易・迅速に行われ、通常の清算手続と破産手続との中間的な性格を有します。申立ては債権者、清算人、監査役または株主に限られます。

✎ 私的整理

　「内整理」や「事業再生ADR」などが挙げられます。私的整理のメリットは、手続が簡単で費用があまりかからず迅速な処理が見込まれることや、法的整理によるよりも早期に高い配当が期待できること、秘密裏に手続を行うことが可能であることなどです。一方、デメリットは、債権者間の平等が図られない、全債権者に対して強制力や拘束力が及ばないことなどです。

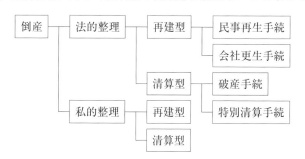

Q14 法的整理（清算型）って何？

A 　清算型の法的整理とは、企業の財産によって債務を弁済することを目的とし、最終的に消滅させる方向に向かわせる法的整理手続のことです。破産手続と特別清算手続が該当します。

解説

✐ 法的整理の特徴

　法的整理では、裁判所の関与の下、法の定めに従って処理がなされるため、公平性の高い案が作成される可能性が高く、債権者にとっては、平等に扱われるというメリットがあります。債務者にとってのメリットとして、私的整理においては、整理の対象となる債権者全員の同意が必要となるのに対し、法的整理では、一定数債権者、一定債権額以上を持つ債権者の同意があれば手続を進めることが可能である点が挙げられます。デメリットは、私的整理に比べて手続にかかる時間が長いことが多く、手続の開始決定がなされると、債権者に通知が出され、倒産したことが世間に公表されることです。

✐ 破産手続と特別清算手続

　破産手続は、株式会社に限らず、個人でも可能ですが、特別清算手続は、株式会社が資金繰りに詰まった場合や、債務超過の可能性が生じた場合に会社を清算する方法であるため、株式会社以外の法人は、破産手続を選択するしかありません。中小・零細企業においては、代表者が会社債務の保証人となっていることが多いため、代表者自身の債務整理も同時に行われることが多いです。

　特別清算手続には、債権者の多数決によって定めた「協定型」と、個別に債権者との間で和解を行う「和解型」があり、協定型の場合は、債権者集会にて総議決権の3分の2以上の賛成がなければ成立しません。最近では、親会社が子会社の全債務を引き受け、グループのイメージを害することなく、子会社を倒産させる場合に利用されるケースもありますが、中小企業では債権者の同意を得ることが難しいことも多いため、特別清算手続の利用は少数です。割合としては、破産手続が法的整理のうち90％程度を占めるのに対し、特別清算手続は、数％ほどです。

【図表1】 破産手続の流れ

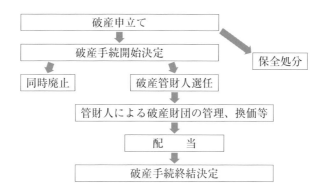

【図表2】 特別清算手続の流れ

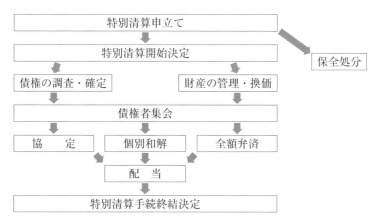

Q15 法的整理（再建型）って何？

A 　再建型の法的整理とは、企業の事業活動や個人の経済活動の
再建を図ることを目的とし、危機に瀕した企業を立ち直らせる
ことを目的とした法的整理手続のことです。民事再生手続と会
社更生手続が該当します。

解説

✎ 再建型手続の要件と種類

　企業の場合、事業に再建の可能性があることが必要であり、事業に収益力
があるか、現在収益力がないとしても収益力を速やかに回復させる見込みが
あるか否かが判断基準となります。再建型の倒産手続には、私的整理手続と、
法的整理手続である会社更生手続、民事再生手続の３つがあります。

✎ 会社更生手続と民事再生手続

　再建型の法的整理には、会社更生手続と民事再生手続の２つがあります。
会社更生手続は、再建見込みのある株式会社のみに適用され、大企業の再建
型手続に適しています。会社更生手続における特徴としては、現経営陣が退
陣し管財人が継承する他、担保権など債権カット率も大きいことから、手続
認可までのハードルは高いものの、認可後の再建率は民事再生手続に比べて
高い傾向が見られます。

　民事再生手続は、株式会社以外の法人形態や個人でも申立可能であること
から、会社更生手続よりも多く利用されます。民事再生手続における特徴と
しては、現経営陣の退陣が必須条件ではなく、会社更生手続に比べると手続

に要する時間と費用が少なくすむ点が挙げられます。民事再生手続を申請した企業のうち、4社に1社ほどは破産に移行しています。民事再生手続申請企業のうち4割ほどが終結まで至っていますが、再生計画案の認可決定から3年経過すると債務弁済の途中であっても、裁判所から終結決定が認められるケースが多く、終結後数年で再び倒産に至ることも少なくありません。

✎　手続の流れ

　民事再生手続および会社更生手続の流れとしては、いずれも債権調査の後に、「再生計画案」や「更生計画案」といった再建計画を立て、一定割合以上の債権者の同意の後に、再建計画が実行されます。多くの場合、再建計画期間において生じた収益を債務の弁済として、債権者に配当しますが、一方で、債権者は再建計画によって弁済される分以外の債権については、債権放棄をすることとなります。

【図表】民事再生手続、会社更生手続の流れ

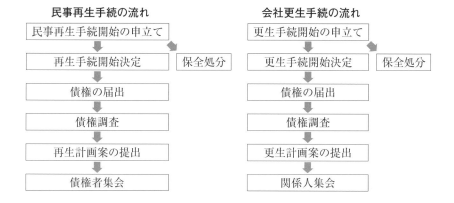

Q16　私的整理って何？

A　私的整理とは、法的手続や裁判所の監督に依拠せずに、債権者と債務者の自主協議によって、債務者の再建方法、または清算方法を任意に決める方法のことです。

　最近では、実務上で私的整理と言えば、その多くが再建型のことを指します。

解説

✎　私的整理の特徴

　私的整理は、再建目的、清算目的のどちらでも利用できますが、清算型の私的整理では、債権者への公平な分配ができない可能性が高いことから、実務上は再建目的で利用されることが多くなっています。いずれにしても私的整理においては、債権者の同意を得ることが最も重要です。

　私的整理のメリットやデメリットとしては、以下の点が挙げられます。

〈メリット〉

①　法的手続の場合、裁判所への予納金が必要となるが、私的整理では不要であるため費用が節約できる。

②　倒産企業の意向を債務整理案に反映しやすく、柔軟な対応が可能である。

③　倒産の事実を世間に公表せずに済むため、信用低下のリスクを抑えられる。

〈デメリット〉

①　裁判所が介入しない手続であるため、必ずしも公平性が保たれない。

②　債権者との調整が可能である場合にしか利用できない。調整に時間を要し、手続が長期化する可能性がある。

✎　再建型私的整理

再建型の私的整理には、さまざまなタイプ・規模が存在しており、小さいものでは、社長が銀行や取引先と直接交渉するものから、大手の金融機関や大企業主導で進めるものまであります。また、手続の不明確さを解消するため、「私的整理ガイドライン」が作成され、近年では「事業再生ADR」や「中小企業再生支援協議会」など、公正中立な第三者が関与し行われる「準則型私的整理」を利用した再建型手続が主流となっています。

「事業再生ADR」は、経済産業大臣の認定を受けた公正・中立な第三者が関与することにより、過大な債務を負った事業者が法的整理手続によらずに債権者の協力を得ながら事業再生を図ろうとする取組みを円滑化する制度です。対象債権者から商取引債権者が除外されるため、債権者側のメリットも多く、近年は増加傾向にあります。

✎　私的整理手続の流れ

私的整理においては、裁判所への申立てを行わず、債務者と債権者が直接協議することで、債務整理が行われていくことが基本となります。

近年主流の再建型の私的整理には、いくつか種類があり、再建計画案の基本方針がガイドラインに定められています。ガイドライン上では、債権者会議を複数回実施後、専門家アドバイザーによる再建計画案の調査・検証の手続を実施しますが、実務上では、債権者会議が開催されることはあまり見受けられません。債務者が主要債権者（主にメイン銀行）に手続を申出後、他金融機関にも同様に事業再生計画などの説明会を複数回実施し、再生計画の実行に移るのが主流です。

いずれの手続においても、再建計画案に対して、債権者全員からの同意が得られない場合は、法的整理に移行します。再建型の法的整理としては、民事再生、会社更生などが整備されており、詳細は**Q15**で詳述しています。

Q17　強制執行って何をするの？

> **A**　債権者は、債務者が任意に債務の弁済をしない場合に、強制執行を裁判所に申し立てることで、国家権力によって債務者の財産を処分し、その換価代金から弁済を受けることができます。
> 　具体的には、不動産を差し押えて競売によって換価する方法（強制競売）や、預金債権や売掛金債権等を差し押えて換価する方法（債権執行）、債務者の占有する動産を差し押えて売却し換価する方法（動産執行）等があります。

解説

✎　強制執行とは

　強制執行は、国家機関である裁判所によって、相手の意思にかかわらず強制的に財産を換価する手続であるため、法律で厳格に定められています。これを定めているのが「民事執行法」であり、強制的に債務者の財産を換価する方法としては、強制執行のほか、担保権の実行としての執行があります。約定通りに返済がないからといって債権者自身が債務者の財産を取り上げることは認められておらず、強制執行を行うことができるのは、執行裁判所・執行官に限られます。強制執行は煩わしい手続が必要で、時間と費用もかかるため、債権回収の最終手段として活用されています。

✎　強制執行をするには

　強制執行を実行するには、「債務名義」、「執行文」、「送達証明書」の３点セット、そして必要に応じて判決が確定していることを公に証明する「判決

確定証明書」が必要です。手続としては、まず債務名義を取得します。債務名義とは、強制執行の基となる債権・債務がたしかに存在することを公に証明する文書のことで、強制執行の効力を認めたものです。債務名義を取得する手段としては、①確定判決、②仮執行宣言付判決、③仮執行宣言付支払督促、④公正証書、⑤請求認諾文書、⑥和解文書、⑦調停証書などがあります。

　次に執行文の取得ですが、執行文とは、債務名義の執行力を公に証明するために、債務名義に付記される公証文言のことです。執行文は債務名義を取得した先に、債務名義を提出し、「執行文付与の申立て」をして入手します。

　そして、「送達証明書」は、「債務名義」の正本または謄本が債務者に送達されたことの証明書です。通常、債務名義の作成とともに送達がなされていることが多く、どんな理由で、どのような内容について強制執行が行われるのかを事前に債務者にも知らせる必要から送付されます。この送達の手続を踏んだことを証明して初めて、強制執行を開始することができます。

✎　強制執行の分類

　強制執行の分類方法はいくつかありますが、執行の対象物によって分けられることが一般です。債務者の財産として最も把握しやすいのは不動産であり、不動産執行には、不動産を差し押えて競売によって換価する「強制競売」と、家賃収益などを債務の履行に充当する「強制管理」の２つの方法があります。他には、債務者の所在地に執行官と出向き、そこにある動産を確保し、競売による売却代金から回収する「動産執行」や銀行預金や売掛金等を対象とし、直接第三債務者から取り立てる「債権執行」があります。いずれも裁判所または執行官に対する申立てが必要になります。

✎　差押禁止財産

　動産執行では、債務者の生活に欠くことができない衣服、寝具、家具、台所用具、畳および建具や生活に必要な３カ月間の食料および燃料等、一定の現金の差押えが禁止されています。

　また、債務者が自己破産・個人再生などの債務整理を申し立てた場合には、残債務の完済が不可能となるため、既に着手している強制執行も停止されます。

Q18　債権の請求権に期限はないの？

A　債権は、一定の期間を経過すると時効によって消滅します。この一定の期間の経過によって権利の消滅を生じる制度を「消滅時効」といいます。

　債権者は、「消滅時効」の完成だけで請求権を失うことはありませんが、時効完成後に債務者によって「時効の援用」がなされた場合には、請求権を失うこととなります。

解説

✎　時効とは

　時効とは、一定の時の経過に対して、その事実状態を尊重して、権利の取得、消滅を認める制度のことです。

　民法では、「消滅時効」と「取得時効」が定められており、「消滅時効」とは、一定期間権利を行使しないことによって権利そのものが消滅するもので、「取得時効」とは、一定期間、ある事実状態が継続する場合、その事実状態に見合った権利を取得するものです。

✎　時効の完成と援用

　時効期間が過ぎた状態を「時効の完成」といい、時効の利益を受ける者（債務者）が、時効であることを主張することを「時効の援用」といいます。時効の援用がされない限りは、時効期間が過ぎたからといって債権が消滅するわけではありません。また、時効の完成後に債務者が債務を承認した場合、時効の完成を知らなかったとしても、時効の援用ができなくなります。

✎ 時効の更新

　それまで経過した時効期間の効力を失わせる制度として、「時効の更新」があります。更新された時効については、更新の事由が終了したときから、新たにその進行が始まります。従来は、債権の種類によって時効期間が異なっていたため、各債権の時効期間を把握・管理し、時効が完成する前に時効更新の措置をとる必要がありましたが、2020年4月1日施行の改正民法によって、施行後に成立した債権については、「権利を行使できる時から10年、もしくは権利を行使できることを知った時から5年のいずれか早い方」で消滅時効が成立することとなりました。時効の更新事由は民法に定められており、時効の更新については、**Q19**で詳述します。

✎ 時効の完成猶予

　時効完成前に一定の事情が発生した場合に、一定期間が経過するまで時効の完成を延期する制度のことを「時効の完成猶予」といいます。時効の完成猶予事由は、「催告（6カ月）」、「仮差押え、仮処分（6カ月）」、「天災（3カ月）」、「協議を行う旨の合意（最長1年間）」などがあります。

　いずれも時効の更新事由には該当しないため、時効の完成に至る前に時効の更新措置をとることが重要です。

【図表】時効の完成猶予方法

種類	内容	完成猶予期間
催告	内容証明郵便による催告。 1回のみ時効の完成猶予が認められ、2回目以降は、効力がない。	6カ月
仮差押え 仮処分	債務者の財産等を保全するための暫定的な措置。 仮差押え・仮処分に続いて、訴訟が提起された場合には、裁判上の請求に該当するため、時効更新の効力が発生。	6カ月
天災	天災等により、更新の手続が実施できない場合。	3カ月
合意	当事者間で書面による合意があった場合。	最長1年間

消滅時効を更新させるためには、何をすればいいの？

A 時効は、請求（裁判上の請求）、強制執行等、承認（債務者が債務の存在を認める）の3つの方法によって更新することができます。

解説

✎ 裁判上の請求等

「裁判上の請求等」に該当する具体的事由としては、「裁判上の請求」、「支払督促」、「和解または調停の申立て」、「破産・再生・更生手続への参加」の4つが挙げられます。

上記の4つの手続においては、訴状を裁判所に提出した時点で時効の完成が猶予され、その後、確定判決または確定判決と同一の効力を有するものによって権利が確定した際に、時効が更新されることとなります。

✎ 強制執行等

「強制執行」は、国家機関である裁判所によって、相手の意思にかかわらず強制的に財産を換価する手続です。詳細は、**Q17**にて詳述しています。

上述した「裁判上の請求」と同様に、強制執行は競売の手続を申し立てた時点で時効の完成が猶予されます。強制執行または競売の手続完了後、債権が残っている場合に、時効が更新されます。仮に途中で申立てを取り下げた場合には、取り下げた時点から6カ月間、時効の完成が猶予されます。

その他の手続として、担保から財産を取り戻す「担保権の実行」、担保権として取得した土地などを売却するための「競売」、差押えや強制執行を行

うために、資産調査を裁判所に申立てする「財産開示の申立て」や「第三者からの情報取得手続」も強制執行と同様に、手続完了後、時効が更新されます。

✎ 承　認

　時効の更新事由のうち、費用、時間、手間などのコストを考え、最も簡単なものが「承認」です。承認とは、債務者が債務の存在を認めることであり、具体的には、「債務者から債務承認書を取得する」、「債務者から支払いに対し支払い猶予・減額を求められる」、「一部の返済・利息の支払いを受ける」といったことが該当します。債務承認書を取得した際は、時効証明の重要な書類となるため、必ず確定日付を取得しましょう。また、1円の返済でも時効は更新できますが、連帯保証人から返済を受けた場合、主債務者の時効は更新されず、時効期間がそのまま継続されるため注意が必要です。

　また、時効は債権ごとに管理する必要があり、同じ債務者に対する債権でも個別に時効が進行するため、弁済をどの債権に対して充当するか、ということにも気を付けなければなりません。

✎ 時効完成後に時効を更新させるには

　「時効の完成」後であったとしても、債務者が「時効の援用」を行うまでは時効消滅を阻止できる可能性があります。債務者が「時効の完成」に気付かず、「時効の援用」を行う前に、時効の更新事由と同様の債務承認行為をさせることができれば、債務者は「信義則上」時効を援用できなくなります。

Part2
転ばぬ先の杖

Q20　債権を保全するには、どんな方法があるの？

> **A**　債権を保全する方法としては、「前受金取引とする」、「担保を設定する」、「保証サービスを活用する」など、とれる方法は、1つではありません。さまざまな保全策の中で、コストや手間を掛けずに最も保全効果が高い方法を選択することが重要です。

解説

✎　前受金取引

　前受金取引は、商品の納入前に代金を受け取る取引です。商品の納入後の不払いリスクを排除するには、最も効果的です。

　しかし、前受金取引にすることは、売主にとっては保全効果が高い手法である反面、買主の資金繰りにおいては大きな負担となりうるため、前受金取引での交渉が必要となる場合には、容易に応諾してもらえないことを理解して、根気強く交渉に臨むことが必要です。

✎　担保の設定

　不動産や動産、債権を担保に取得できる可能性があれば、ぜひとも交渉を行うべきです。取引先が民事再生手続や破産手続を申し立てた場合でも、担保権を設定していれば、倒産手続によらずに担保対象物から回収が可能となるため、回収機会を増やすという点で有効です。

　担保は、その多くが「処分し換価すること」によって回収につなげることを前提にしていますので、担保を取得したとしても、担保対象物を現金に換価するまで、いくら回収できるのか未確定であることを忘れてはいけません。

担保を取得したことで、「債権が保全され、リスクがなくなった」と勘違いし、他の保全策の検討を疎かにしていると、貸倒れが発生した際に、「実際に担保を換価してみたら、ほとんど回収できなかった」ということになりかねません。

担保の取得は、取引を可能にする主要素と考えるのではなく、債権を回収するための保全策の1つであると捉えることが大切です。

担保の種類については **Q21** で、担保の取得については **Q23** ～ **Q29** で、それぞれ詳述します。

✎ 保証サービスの活用（**Q38**参照）

「取引先の資産が乏しい」、「取引先から協力を得にくい」など、担保の取得が困難な場合には、取引信用保険や債権保証サービスなど、第三者による保証サービスの活用を検討しましょう。保証サービス利用に伴うコストが発生しますが、債権が回収不能となった場合には、保証金を受領できるため、自社へのダメージを大幅に軽減することができます。

✎ 粗利益の調整

信用力の低い取引先と取引を行う場合に、粗利益を通常よりも多めに設定した販売価格で取引を行うことを検討します。通常よりも粗利益を多く設定することで、取引が継続するうちに、通常の販売価格で取引した場合と利益額に相応の差が生じてきます。この差額をデポジット（deposit）に見立てて、貸倒れ時の損失分を取引内で事前に確保しておこうという方法です。販売価格が割高となるため、取引先から値引要請があったり、受け入れられない可能性も十分に考えられますが、担保を取得できない取引先に対しては、保全手段が限られるため、検討すべき手法と言えます。

Q21 担保にはどんな種類があるの？

A 　担保の種類は、対象とする物の特徴に応じて実行できるように、多岐にわたり定義されています。大別すると、個人や法人が保証する「人的担保」と、特定の財産に対して効力を発揮する「物的担保」に大きく分けられます。

　物的担保では民法で定められた担保権である「典型担保物権」と、明文の定めがなく解釈によって認められている「非典型担保物権」があります。

　さらに典型担保物権の中には、当事者間の合意によって成立する「約定担保物権」と、合意の必要がなく法律上当然に発生する「法定担保物権」があります。

解説

✎ 担保対象物の特性に合わせた担保物権の選択

　担保物権には、さまざまな種類がありますので、それぞれの特徴を考慮して活用する必要があります。たとえば、質権は、相手方の所有物を自社が占有して、回収時はその占有物を競売する形式をとりますが、事業用機械など相手方の事業活動に必要なものを自社が占有してしまうと、事業の継続が困難な状態に陥ってしまうため、質権には不向きと言えます。このような場合には、譲渡担保を活用して、所有権を自社へ移転し、占有権のみを相手方に残す状態にするほうが、担保の取得方法として適しています。担保には、契約書上で合意が必要なもの（約定担保物権）と、合意が不要なもの（法定担保物権）があります。その他にも、担保物権ごとに、担保設定に必要な条件

【図表】担保物権の種類

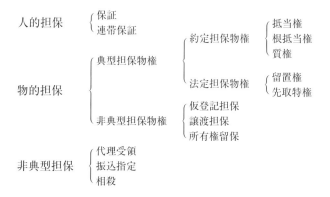

がそれぞれ異なるため、担保物権の特徴を理解することが重要です。

✎ 担保物権の活用方法

(1) （根）抵当権

土地や建物への担保設定時に使用（約定担保物権）。

継続的な取引における債権を保全するためには、根抵当権の設定が有効。

(2) 質　権

現金や有価証券など、担保権者による占有が容易な動産に対して有効（約定担保物権）。

(3) 譲渡担保

債権や在庫など、担保権者による占有が困難な動産に対して有効（約定担保物権）。

(4) 留置権

自社が寄託物を占有している場合に行使することで、債務履行の促進に有効（法定担保物権）。

(5) 先取特権

取引先が自社販売商品を保有している場合に、担保物権として行使可能（法定担保物権）。

Q22 法定担保物権って何？ どのように使うの？

A 　当事者間の合意により成立する担保物権を「約定担保物権」というのに対して、法律上で定められた要件が揃えば効力を発揮する担保物権を「法定担保物権」といいます。「法定担保物権」としては、「留置権」と「先取特権」があります。

　「法定担保物権」の活用は、緊急時の対応としても有効ですので、あらかじめ行使要件を把握しておくことが望ましいです。

解説

✎ 留置権

　留置権とは、「債権者が債務者の物品を占有し、当該物品に関する債権を有している状態」にある時に、「弁済期が到来しているにもかかわらず、債務者が債務を履行しない間は、債務者に物品の返還を拒否することができる」権利です。

　留置権は、「民事留置権」と「商事留置権」に区分され、「民事留置権」においては、留置物と被担保債権との間に関連性を求めるのに対して、「商事留置権」では、商人間の双方にとって商行為となる行為によって発生した債権であれば、留置物と被担保債権の関連性を求めないものとされています。ただし、いずれの場合も、留置物は債務者の所有物でなければなりません。

　留置権の実行方法としては、「裁判所へ留置物の競売申立てを行うこと」となります。留置物の競売後は、申立債権者に対して換価金が渡されます。

✎　留置権の注意点

　留置権においては、「留置物を所有者の了解なく売却すること」が禁じられています。また、留置権には、「優先弁済権」が認められていないため、債権者は、留置権実行により換価金を受領しても債権に直接充当することはできません。そこで、実務上では、留置権を用いて債権の回収を図るために、「当該債権」と「換価金を預かっているという債務」を相殺することで、実質的に債権の弁済に充てる方法がとられています。

✎　先取特権

　先取特権とは、債務者の財産から優先弁済を受けることを目的とした担保物権です。実務上では、主に動産売買先取特権として、「取引先が商品の販売代金を支払わない時に、取引先の占有下にある、当該商品から優先的に回収する」という方法で活用されています。

　担保権の実行方法は、「裁判所へ担保対象物の競売申立てを行うこと」となり、競売による換価金から優先的に弁済を受け取ることができます。

✎　動産売買先取特権の注意点

　売り渡した動産が債務者の占有下にあることが、先取特権を行使するための条件です。そのため、債務者が第三者へ当該動産を転売した場合は、当該動産について先取特権は行使できません。ただし、第三者が債務者へ転売代金を支払う前であれば、その転売代金を差し押え、裁判所へ申し立てることによって、転売代金から優先的に弁済を受けることができます。これを「動産売買先取特権の物上代位」といいます。

　動産売買先取特権を行使する際には、取引後速やかに担保権の実行を行う必要があります。そのために、日頃から「取引先との取引事実を証明できる書類の完備」、「取引先における自社販売商品の保管場所」、「自社商品の転売先」、「転売時の回収条件」などを確認しておくことが重要になります。

Q23 現金・預金を担保に取りたい！何をすればいい？

A　現金は保証金等の名目で預託を受ける方法があり、預金は定期預金に対する質権の設定による担保取得があります。

解説

✎　現預金担保の有効性

現預金は、額面と担保価値が同額であるため、非常に評価が容易です。注意点としては、現預金の担保は、取引先の資金繰りを圧迫する可能性があるため、担保提供に関する同意を得ることが困難な点が挙げられます。しかしながら、取引先有事の際には、最も回収可能性が高い担保であると言えることから、常に保全策として検討したい項目です。

✎　現金を担保に取る

現金を担保とする方法として保証金があります。取引先から一定の現金を担保として預かり、取引先が代金の支払いをできなくなった場合に、預かった保証金を自社の債権に充てることで債権回収を図ることができます。保証金の徴求は、実務上自社が取引先より有利な立場にある場合に限られることが多いものの、保証金の範囲内において債権が確実に担保される有効な手段です。

保証金を担保とする方法としては、「一時金方式」と「積立金方式」があります。「一時金方式」で担保取得できれば、取得当初から債権が保全されるため、担保として高い効果が得られますが、「信用力の低い取引先に対して担保提供を依頼する」という前提で考えれば、保証金を差し入れるだけの

資金余剰を有している先は決して多いとは言えません。「積立金方式」では取引当初の担保力は弱くなりますが、保証金を分割して差し入れることで債務者にとっては対応しやすくなりますので、取引のリスクや相手先の資金繰りを考慮して選択することが望ましいと言えます。

　保証金を取得する際の手続としては、まず、取引基本契約書に保証金条項を加え、今後の取引見込量を想定し、その量に適した保証金額を設定します。そして、取引においては、取引額が保証金の範囲内に収まるよう債権管理を行います。

　なお、実務上取引先から保証金の預託を受けるための条件として利息を付するよう求められることもあります。

✎　預金を担保に取る

　預金額が変動する普通預金や当座預金は、担保として適当ではないため、定期預金を担保として取得します。

　定期預金を担保として取得する際は、以下の手続を行います。

① 　債務者との間で、質権設定契約を締結します。反復取引に対しては根質権設定契約を締結します。

② 　質権設定にあたっては、質権設定承諾依頼書を金融機関に提出し、承諾を得ます（当該依頼書に金融機関の承諾印を取得するか、承諾書の交付を受ける）。

③ 　承諾を取得後、第三者に対抗するために確定日付を取得します。

④ 　定期預金に預入れをした際に交付される定期預金証書の受取人欄に、債務者の銀行届出印による捺印を取り付け、証書を預かります。

　契約書には、金融機関名、支店名、証書番号、金額、名義人、満期日を明記し、定期預金証書が特定できるようにします。また、他者が同様の質権設定を行うことも想定して、確定日付の取得も忘れずに行いましょう。

売掛債権を担保に取りたい！
何をすればいい？

> **A** 　売掛債権を担保に取るためには、取引先の販売先を把握し、どの販売先にどんな債権を有しているのか、債権の保有状況を把握しておく必要があります。集合債権譲渡担保（**Q25**参照）の活用によって、取引先が有する売掛債権を担保として取得できます。

解説

✎　集合債権譲渡担保とは

　売掛債権は、発生の都度、弁済により消滅していくため、個別の売掛債権に譲渡担保を用いる方法では手続が非常に煩雑になります。そこで、債務者が第三債務者に対して保有する債権（将来発生する債権を含む）を包括的に集合債権譲渡担保として設定することで、担保として有効な手段になります。

✎　集合債権譲渡担保を取得する際の注意点

　債権は目に見えず、客観的な確認が難しいため、債務者の言葉だけを鵜呑みにするのではなく、まずは対象とする取引の基本契約書や発注書等の取引証拠書類に基づき、取引実態を確認する必要があります。

　特に集合債権譲渡担保を活用する場合には、将来発生する債権についても、担保の対象となることから、契約締結後の取引先との取引において、継続的かつ安定的に売掛債権が発生することを確認していくことが必要です。また、第三債務者が債務を履行できなければ担保として機能しないため、担保設定時には第三債務者の信用力も調査しなければなりません。

　実務においては、保全維持のために担保対象の売掛債権額を売掛金帳簿などで定期的に確認します。確認には相手方の協力が必要となるため、担保取得時に合意を得ておくべきです。

✎　評価方法

　売掛債権を担保として設定する場合、当該売掛債権は、基本的に回収が見込めることを前提としていることになりますが、第三債務者によっては、自社に支払うことに抵抗を示し、速やかな回収を図れない可能性があります。

　また、第三債務者の信用力が低い場合は、支払能力の不足により十分な回収を得られない可能性もありますので、売掛債権の簿価をそのまま評価額とするのではなく、70％程度の掛け目を乗じて評価することが望ましいと言えます。

✎　集合債権譲渡担保の設定

　売掛債権を担保設定する際には、集合債権譲渡担保設定契約を締結します。契約においては、当事者、取引の種類、発生期間等、他の債権と識別が可能な情報を記載し、譲渡担保の対象となる債権の範囲を特定します。

✎　第三者対抗要件の具備

　集合債権譲渡担保の第三者対抗要件としては、第三債務者に対する債権譲渡の通知、または第三債務者からの承諾が必要となります。しかしながら、債権譲渡通知を発することは、第三者に取引先の信用不安の印象を与えます。これを避けつつ第三者対抗要件を具備する方法として、債権譲渡登記所に登記する方法があります。第三者対抗要件を備えていない場合、債務者が倒産手続に入った際に、担保権を主張できないため、きわめて危険です。したがって、集合債権譲渡担保の設定表明による債務者の風評低下に配慮するのであれば、第三債務者へ通知することなく対抗要件を具備できる債権譲渡登記の活用が有効です。

Q25 在庫を担保に取りたい！何をすればいい？

A 集合動産譲渡担保の活用によって、特定の倉庫や店舗内にある取引先の在庫を効果的に担保として取得できます。

解説

集合動産（債権）譲渡担保とは

譲渡担保とは、債務者の所有物を一時的に債権者に譲渡することにより担保とするものであり、不動産や機械設備のほか、動産（在庫等）や債権（売掛金等）の設定が可能です。動産や債権を譲渡担保として取得する場合は、実務上、特定の倉庫にある在庫や特定の取引先に対する売掛債権などを指定し、集合動産（債権）譲渡担保として、まとめて担保設定します。

在庫商品を担保取得する有効性

店舗や倉庫等に保管されている商品は、一般市場価格での換価が比較的容易であり、まとめることで十分な担保価値になりうるため、債務者が保有する商品を担保に取り、その売却代金から債権の回収を図ることができます。

在庫商品を担保取得する際の注意点

在庫商品を担保に取る際は、口頭や画像での確認だけでなく、現地で現物の存在を確認する必要があります。また、現物が債務者の倉庫内にあったとしても、所有権留保等によって第三者が担保権を設定している場合もあるため、競合する権利の有無等を確認する必要があります。

✎ 評価方法

担保対象物は、市場価値を基準として評価しますが、在庫商品は簿価と市場価格が一致しないことも多いため、50〜60%の掛目を乗じて評価すべきです。生もの等は換価が遅れると逆に処分費用が発生することもあるため注意が必要です。倉庫内にある商品は、日常の取引の中で絶えず入れ替わるため、担保の対象は、種類・所在場所・量的範囲を明確にする必要があります。

✎ 集合動産譲渡担保の設定

担保目的物の価値が確認できたら、集合動産譲渡担保を設定します。設定においては、譲渡担保設定契約を締結します。集合動産譲渡担保では個々の目的物を契約書で特定することはできませんが、所在や種類等を明記することで、担保目的物の範囲を特定します。たとえば、倉庫やその他の建物や場所を特定して、「その中にある一切の商品」といったような定め方です。

✎ 第三者対抗要件の具備

集合動産譲渡担保の第三者対抗要件は引渡しであり、通常は占有改定を行います。占有改定とは、目的物の占有者が、その目的物を手元に残したまま占有を他社に移す行為のことです。通常は、譲渡担保設定契約書上で、占有改定によって目的物を引き渡すことを明記します。また、動産譲渡登記を行った場合も上記の引渡しがあったとみなされ、第三者対抗要件となります。

✎ 対象物の継続的なチェックが必要

集合動産譲渡担保は、目的物の内容が絶えず変動しているため、実行時に不良在庫となっていたり、商品が契約範囲外の倉庫等に搬出されていた場合は、担保としての効果が期待できなくなります。したがって、債権者としては、債務者に在庫状況の報告義務を負わせるだけでなく、価値ある商品が指定した場所に保管されているか、定期的な実地調査により確認する必要があります。特に、債務者に信用不安が生じた際には、債務者や第三者によって商品が搬出される危険性が高まるため注意が必要です。

Q26 不動産を担保に取りたい！何をすればいい？

A 不動産を担保に取る際には、不動産登記簿謄本や公図、建物図面などの資料のほか、現地確認により担保設定予定の不動産の状況を正確に把握することが必要です。

抵当権または根抵当権の活用によって、取引先が有する不動産を担保として取得できます。

解説

不動産登記簿謄本による調査

不動産を担保として取得する場合、対象となる不動産を調査するため、不動産登記簿謄本や公図、建物図面などを取得します。

不動産登記簿では、当該不動産の所在や規模、用途、権利関係などの確認ができますが、どの範囲の不動産を担保に取るべきか正確に把握できないことが多いため、不動産登記簿だけでなく、公図や建物図面も確認すべきです。

公図は、土地の位置関係を示す図面であり、当該物件の形状や、周辺の土地の地番を確認することができます。土地は、複数の土地が集まって一団の土地として価値を形成していることが多いため、担保に取り漏れることのないように公図で確認することが重要です。

建物図面は、敷地上にどのように建物が建っているのかを示す図面です。複数の建物が存在する場合、見落としにより担保設定を行わなかった物件があると、競売手続においてその物件だけが売却の対象外となってしまうなど、処分時の足かせになることがありますので、土地と同様に、担保に取り漏れることのないように確認することが重要です。

✎ 不動産登記簿謄本以外の調査ポイント

不動産登記簿謄本からは懸念点が見当らなかったとしても、「物件が斜面に存在しており、造成などに多額の費用を要する」、「近隣に物件処分の際に障害となりうる事象がある」、「未登記建物が建っていた」といった担保の処分価格に大きく影響する事象が生じている可能性があるため、必ず現地で当該不動産を確認しなければなりません。

また、担保不動産は市場性があることが最も重要な要件であり、開発行為許可の見込みのない物件等は需要がきわめて低いため、担保として不適格な物件と言えます。

✎ （根）抵当権の設定

調査の結果、担保価値があると判断した場合、（根）抵当権設定契約を締結します。（根）抵当権の設定を第三者に対して対抗するためには、抵当権設定登記を行う必要があります。（根）抵当権設定契約書は、設定登記を行う際の重要な書類になりますので、抵当権設定額（根抵当権の場合は極度額）、担保設定登記を行う物件の記載など、間違いのないように作成し、担保提供者から署名捺印を受ける必要があります。

【抵当権設定登記申請に必要な書類】
- ・抵当権設定契約書
- ・所有権登記済証
- ・担保権者、債権者双方の委任状
- ・担保提供者の印鑑証明書（発行後3か月以内）

- ・担保提供者が法人の場合、印鑑証明書の代表者資格証明書（発行後3か月以内）
- ・共同担保を設定する場合、共同担保目録

【設定費用】
- ・登録免許税（債権額の1000分の4）

機械設備を担保に取りたい！
何をすればいい？

A 機械設備を担保に取るためには、担保取得する機械設備について、取得年月、取得価額、耐用年数、汎用性・専用性等を把握しておく必要があります。
　譲渡担保の活用によって、取引先が有する機械設備を担保として取得できます。

解説

✎ 機械設備を担保取得する際の注意点

　機械設備を担保に取る際には、在庫商品を担保に取る場合と同様に必ず現地に出向き現物の存在を確認し、目的物に故障はないか、第三者の所有を示すプレート等が付けられていないかを確認する必要があります。

　また、目的物がリース物件か買取物件であるかを確認することも必要です。リース物件は、買取りにより所有権が移転している場合を除いて、所有権がリース会社にあり、譲渡担保の対象にならないため注意が必要です。

✎ 評価方法

　機械設備は、その種類によって中古品市場が成立していない場合があるため、評価額は取得時期・取得価額・耐用年数を考慮のうえ、「処分可能な価格」を前提に決定します。

✎ 譲渡担保の設定

　目的物の担保としての価値が確認できたら、譲渡担保契約を締結します。

譲渡担保とは、担保となる財産の占有・利用を債務者に委ねながら、担保財産を譲渡担保権者に移転する形式をとったものであり、被担保債権を完済するまで所有権を債権者が保持します。通常、担保設定後も目的物は債務者の手元に残り、引き続き利用可能な状態が維持されることから、債務者への影響が少ないと考えられています。

✎ 第三者対抗要件の具備

動産譲渡担保の第三者対抗要件は引渡しであるため、通常は占有改定を行います。また、動産譲渡登記ファイルに登記がなされた場合も、上記の引渡しがあったとみなされ、第三者対抗要件となります。

しかしながら、占有改定により第三者対抗要件を備えたとしても、その後、譲渡担保が設定されていることを知らない第三者が、当該目的物を取得した場合には、債権者は第三者に対し譲渡担保権を主張できなくなるおそれがあります。そこで、目的物である機械に譲渡担保対象物であることを示すプレート等を取り付けておく必要があります。プレートを付すことにより、第三者が目的物である機械について、債権者の物であると認識していた、またはプレートがありながら気付かなかったという過失があると立証しやすくなり、目的物を第三者に取得されることを防ぎやすくなります。

ただし、資金繰りに困窮した債務者は、プレートを剥がしてから第三者に売却する等の行為に出ることもあるため、プレートを付したからといって安心せずに、債務者に異変を感じた時には、目的物の実地確認行うなどの慎重な管理が必要です。

Q28 有価証券を担保に取りたい！何をすればいい？

A 　有価証券（株券、債券、手形、小切手等）を担保に取るためには、取引先が保有している有価証券の種類や銘柄、保有数などを把握し保有状況を把握し、現在価値、価値変動の安定性、証券の保有形式等を把握しておく必要があります。

　質権や譲渡担保の活用によって、取引先が有する有価証券を担保として取得できます。

解説

✎　有価証券の評価方法

　担保設定する有価証券が上場株式であれば株価を把握することは容易ですが、株価は日々変動しているため、一般的な方法としては、一定期間における中値を採用することが、簡便かつ合理的な評価方法として用いられています。

　国債や地方債の場合は、額面と残存期間から何年後にいくら支払われるのかを確認のうえで評価します。

　社債は額面だけでなく、発行会社の信用リスクによって評価が異なります。格付機関のサイトなどで社債の信用格付を閲覧し、償還の可能性を計るための参考指標として利用しましょう。

✎　質権の設定

　質権の設定においては、有価証券質権設定契約を締結します。契約書には、①有価証券を特定できる情報（株券であれば、発行元、株券番号、株式内容、

発行日など）と占有する有価証券の数、②担保される債権（いつ発生し、何に対する債権か）を明記のうえで、他者との重複契約が生じた場合に備えて確定日付を取得する必要があります。また配当や無償交付等を増担保として提供する旨を記載することも有効です。有価証券が紙で発行されている場合には、証券を自社で占有する必要がありますが、電子化されている場合には証券会社へ依頼して質権用の口座へ移動させる等の方法によって担保設定することができます。

　債務不履行が生じた場合には、当該有価証券に対して競売を申し立て、処分代金から回収を図ります。

✎　譲渡担保の設定

　譲渡担保を設定するためには、譲渡担保契約を締結しなければなりません。契約書には、①担保対象物の保管場所、②担保対象物（有価証券の種類、銘柄、額面、株数、満期日など）を明記し、担保対象物が明確に特定できるようにしておく必要があります。

　動産譲渡担保登記は任意事項ですが、第三者対抗要件を具備し、担保の効力をより確実なものとするために登記すべきです。

　債務不履行が生じた場合には、有価証券を自社に帰属させる、つまり自社のものとするか、第三者へ売却を行い、その売却金額から回収を図ることができます。

Q29 保証人を徴求したい！
何をすればいい？

A 　保証人を徴求する場合、まずは、保証人となりうる個人や法人を調査します。一般的に、取引先の代表者や役員、親会社などが保証人の候補となります。保証人と保証契約を締結する際には、書面でなければ効力が生じないため契約書を作成します。また後日、保証意思について争いが生じても対応できるように、保証意思確認書などの書類作成を入念に行うことも必要です。なお、事業に関与しない個人の場合は、公証人による保証意思確認の手続が必要となります。

解説

✎ 保証人の調査

　保証人を徴求する際には、まず「誰を保証人とするか」という点から検討する必要があります。保証人は、「主債務者に代わって債務の弁済をしてもらう」役割のほか、「債務不履行とならないように責任ある経営を行ってもらう」といった役割も有しています。その観点から、「十分な資力を有している人」、または「取引先の経営に深く携わっている人」を保証人とすることが望ましく、個人であれば代表者や役員が保証人の候補として考えられます。

　保証人は、必ずしも個人である必要性はなく、上場会社などの優良な親会社などが存在していれば、資力と経営責任の両面から保証人像に合致することから、優先的に保証人として徴求することを検討する必要があります。

✎ 保証契約に必要な書類

(1) 連帯保証契約書（必須）

　法律上、書面で契約を交わす必要があります。保証には、保証と連帯保証があるため、保証の責任範囲を明確にするために契約書には連帯保証と明記しましょう。また、こちらの面前で保証人に契約書に必ず署名捺印させます。記名捺印では証拠力が劣るため、注意して下さい。

(2) 保証意思確認書

　債権者の面前で保証人に署名捺印させることが困難な場合は、当書類を保証人に対し、必ず配達証明付の郵便で送付手続を行います。

(3) 取締役会議事録（保証人が法人の場合）

　主たる債務者である会社A社の代表取締役Bが、関連会社C社の取締役を兼任しているとします。C社をA社の保証人としたい場合、代表者Bだけの判断で決定することはできず、必ずC社の取締役会で承認を受けることが必要となります。（会社法356条1項）そのため、C社における取締役会の議事録を添付してもらい、承認の有無を確認しなければなりません。

✎ 保証契約時の注意

　保証人は、主債務者と異なり、自らが債務を負っている意識がきわめて低い場合が多く、契約締結時には、主債務者が債務を返済することを前提に調印しますが、いざ債務不履行によって、自らに保証債務の履行を求められると、保証否認することも珍しくありません。

　保証否認された場合には、主として契約書の有効性が争いの焦点となりますので、契約時には必ず自署させ、契約時の記録（日時や天気、場所、同席者、同席者の服装、発言等の契約時の状況いつ、どこで、誰がなど）を残しておくことで、当該契約が契約者本人と本人の意思によって締結されたことを裏付ける材料とすることができます。

Q30 担保はどのように評価したらいいの？

A 担保の評価額は、「当該担保物を実際に処分した際に、いくら回収できるのか」ということを前提に検討しなければならないため、「簿価」や「定価」ではなく、「処分可能価格」であることが必要です。

解説

✎ 処分掛目の検討

Q7で詳述しているとおり、担保物件の処分方法としては、「任意売却による処分」と「競売による処分」の2つがあります。

一般的に、「任意売却による処分」のほうが、市場価格に近い金額で処分できる傾向にありますが、「任意売却」においては、①適正価格で購入してくれる買主を探してこなければならない、②担保権者全員から同意を得なければ、売買が成立しにくい、といった条件があるため、速やかに回収を図りたい状況においては、市場の需要が高い担保物件でなければ、希望どおりの条件での「任意売却」は成立しにくいと言えます。

一方、「競売による処分」は、処分に一定期間を要し、かつ入札や競り売りによる売却のため、入札開始価格（買受可能価額）が市場価格よりも低めに設定され、処分価格が低くなりやすい点がある反面、「任意売却」よりも買受人が見つかりやすくなるという利点もあります。

担保評価においては、より確実に回収できる金額を担保評価額にすべきですので、上記の要因を考慮して、「競売による処分」を前提とした評価を検討するのが、妥当だと考えられます。「競売による処分」の場合、入札開始

価格（買受可能価額）が市場価格の60 〜 70％に設定されることから、担保評価においても、最低でも時価に対して70％程度の掛目を乗じて評価することが望ましいと言えます。

$$担保評価額 ＝ 市場価値（時価） × 処分掛目$$

このほか、担保物件の種類によって、減価要因が異なりますので、下記を参考に処分掛目を乗じることをお勧めします。

内　容	掛　　目	備　　考
現預金	時価の100％	Q23参照
売掛金	時価の70％	債権譲渡登記がない場合は 0 ％、Q24参照
受取手形	時価の70％	振出人の信用力ない場合は 0 ％
有価証券	種類によって異なる	Q28参照
棚卸資産	時価の50％	動産譲渡登記がない場合は 0 ％、Q25参照
土地・建物	時価の70％	Q26参照
機　械	時価の50％	動産譲渡登記がない場合は 0 ％、Q27参照
自動車	時価の50％	動産譲渡登記がない場合は 0 ％
船　舶	時価の50％	動産譲渡登記がない場合は 0 ％
保証金・敷金	時価の50％	賃貸人から承諾を得られない場合は 0 ％
ゴルフ会員権	時価の70％	

✎　担保評価額見直しの重要性

有価証券や土地・建物の担保評価は変化するため、 1 年ごとに再評価を実施し、担保が不足していないか確認する必要があります。取引先との新たな取引の発生時や、与信限度の更新時、取引先の業況悪化時などは 1 年以内であっても再評価を実施し、再度評価し直すべきです。

たとえば棚卸資産や機械などの動産であれば、「大きな傷や故障がないか」、不動産であれば、「登記簿で把握できない事象が生じていないか」といった点を確認し、もし欠陥がある場合は、評価額に反映する必要があります。

Q31 契約書で保全したい！
どんな条項を盛り込めばいい？

A 契約書は、「契約自由の原則」によって、強行法規に反しない範囲であれば、自由に契約内容を定めることができますので、自社にとって取引が有利になる条項を積極的に盛り込むことが、債権を保全するうえで重要になります。債権の保全をするために契約書に盛り込むべき条項としては、期限の利益の喪失条項、所有権留保条項、契約解除条項、相殺予約条項等があります。

解説

✎ 契約内容の重要性

契約書を作成する目的は、契約内容を明確にし、紛争を防止するためにあります。契約は、当事者間の合意のみで成立するため、口約束だけでも成立しますが、ひとたび契約が成立すれば当事者はその内容に強制されることとなります。したがって、いかに自己に有利な内容の契約を締結するかが重要です。

✎ 期限の利益喪失条項

「期限の利益」とは、債務者は支払期限までは代金を支払わなくともよい権利を有していることを示しています。民法上は、①破産手続開始決定を受けたとき、②債務者が担保を滅失させ、損傷させ、または減少させたとき、③債務者が担保を供する義務を負う場合において、これを供しないときにおいて期限の利益が喪失されると定められています。

当事者間での合意がなければ、これら以外の事由においては、期限の利益

は喪失されませんので、債務者が支払義務を怠った場合や、不渡処分を受けた場合など、特定の事由が生じた場合に、当事者間で期限の利益を喪失させる旨を合意しておく「期限の利益喪失条項」が必要となります。

✎ 所有権留保条項

所有権留保とは、売買契約において、代金の支払いが完了するまで目的物の所有権を売主のもとに留保することをいいます。個別に所有権留保契約を締結するのではなく、売買契約書の中に目的物の所有権が買主に移転する時期を代金完済時とする旨の特約を盛り込むことが通常です。これにより、代金の支払いが遅延したり、相手方が信用不安に陥った際に、留保しておいた所有権留保に基づいて目的物を引き揚げることが可能となります。

✎ 契約解除条項

相手方に債務不履行がある場合には、法律の規定によって当然に契約を解除できます（法定解除権）。契約書で契約解除条項を定めることによって、相手方に債務不履行以外の事由が生じた場合等に、ただちに契約を解除し、引渡し済みの目的物を回収することを可能にします。

✎ 相殺予約条項

相殺とは、当事者双方が互いに同じ種類の債務を負担している場合において、双方の債務を対当額だけ消滅させることをいいます。相殺は当事者の一方的な意思表示により行われますが、相殺予約として、特定の事由が生じた場合は意思表示を待たず、当然に相殺の効果が発生する旨を契約書に定め、相殺の発生を容易にする特約を盛り込むことがあります。

✎ その他盛り込むべき条項

その他、売主による催告を不要として任意に商品等を処分できる「任意処分条項」や、紛争が生じた際に自社に都合の良い裁判所を管轄裁判所とする「合意管轄条項」、契約締結後に担保の徴求を可能とする「追加担保条項」等によって契約書による債権保全を図ることが可能となります。

Q32 契約書の締結時には、どんなことを検討すべきなの？

A 　契約書を締結する最も重要な役割は、締結する契約内容を明確にして、取引における争いを極力排除すること、そして万が一争いが生じた場合には、自社にとって有利に交渉を行えるようにしておくことです。

　そのために、「当該取引において確認材料となりうる要件がすべて契約書に盛り込まれているか」、「必要な条項が盛り込まれているか」、「契約書の証拠能力は十分であるか」を重点的に検討しなければなりません。

解説

✎ 契約書の作成時における検討事項

(1) 契約内容を明確に記載

　契約内容が明確に記載されていないと、解釈が曖昧になり、トラブルの素となります。

　契約書に最低限記載すべき事項として、以下の項目が挙げられます。

タイトル	「取引基本契約書」、「動産売買契約書」など
前　文	「○○株式会社と□□株式会社間の××について、取引の基本的な事項について、次のとおり取引基本契約を締結する」など
内　容	「取引価格」、「納期」、「支払方法」、「期限の利益喪失条項」、「有効期限」など
後　文	「契約書の作成数」、「保管方法」など

契約締結日	「契約を締結した日」効力発生日を定めていない場合は、締結日が契約効力の発生日となります。
当事者の表示	「双方の所在地」、「商号」、「締結者の役職名」、「氏名」を記載して押印します。

(2) 自社に有利な条件で作成

契約を締結する際には、可能な限り自社にとって有利な条件となるよう、特約条項を盛り込みましょう。さまざまな特約条項がありますが、**Q21**を参考にし、盛り込むべき条項を検討してください。

また、逆に自社にとって致命的な条件が盛り込まれていないかを必ず確認しましょう。一旦契約書を結ぶと、内容の変更は困難であるため、契約締結前にチェックをしておくべきです。

✎ 契約書の締結時における検討事項

契約を締結する際、契約書を公正証書にすることで、証明力を高めることができます。公正証書とは、公証人が法律に基づき契約の成立等について書証として作成し、その内容を証明したものであるため、契約の成立やその内容が正しいことが推定されます。専門家である公証人がその内容を確認し、作成するため、法的に明確かつ有効な内容にすることができ、訴訟の際にも役立ちます。

また、契約者本人が自署する「署名」とすることで、ゴム印やPC等、自署以外で氏名を記入した「記名」よりも証拠力を高めることができます。確定日付や公正証書の手続をとらない場合には、日時や、天気、場所、同席者、同席者の服装、発言等の、契約時の状況を記録しておくことによって、当該契約が契約者本人と本人の意思によって締結されたで契約したことを裏付ける材料となりえます。

Q33 契約締結の相手について、何に注意したらいいの？

A 　契約を有効なものとするには、法人の代表者または代理人など必ず契約締結権限を有する人の「署名」および「押印」によって契約を締結する必要があります。
　契約の締結相手が取引先の代表者であれば、委任状や締結権限の立証などは必要ありませんが、もし代表者と直接締結することが困難な場合には、一定の条件を備えた人物との締結が必要となります。

解説

代表取締役

　代表取締役は、株式会社を代表する権限を有する取締役であり（会社法349条）、契約の締結者として最も適切な人物です。代表取締役が複数いる場合は、各自が会社を代表しているため、そのうち1名が締結することで、有効な契約となります。

委任状を有している者

　取引先が委任状を発行して代理人を擁立していれば、その代理人が十分な役職を有していなくても、契約締結相手としては有効です。
この場合、委任状の真偽と、契約を締結しようとしている相手と委任状に定められている代理人との同一性が重要なポイントとなります。
　(1)　委任状
　委任状に、取引先の代表者の署名または記名押印に加え、代理人の氏名お

よび住所も記載されていることを確認しましょう。取引先と代理人の関係が明確でない場合は、契約締結を保留することを検討すべきです。

(2)　代理人の同一性

委任状に代理人の氏名および住所が記載されていたとしても、顔写真付きの身分証明書などで必ず本人確認を行い、契約締結相手が当該代理人と同一人物であることを確認すべきです。

✎　表見代理が認められる者

代表権を持たない役員や支配人、支店長、本店営業部長、支社長など、これら事業の主任者であることを示す名称を持っている場合には、包括的代理権を有するものとみられ、有効な契約となり得ます。特に支配人は、登記事項であるため、登記簿での確認は必須です。

ただし、役職を有するだけでなく、販売活動について一定の権限を持っていることが前提であり、訴訟になった場合は、その権限を立証しなければなりません。権限がなければ契約自体が無効となります。また、支店次長・営業所長代理などとの契約締結は、それ自体が上司たる支店長・営業所長がいることを示しており、主任者としての名称に当てはまらないとする判例があるため、契約者として避けるべきです。

Q34 契約書の日付は、いつの日付を書いたらいいの？

A 　契約書の日付は、契約締結が完了した日付を記載します。実務上では、契約書の日付は調印の方法によって、以下のように設定することが一般的となっています。
　　・契約当事者が一堂に会して調印を行う場合：その日を契約書作成日とする。
　　・契約書を持ち回りで調印を行う場合：最後の契約当事者が調印を行った日を契約書作成日とする。

解説

✎ 契約書の作成日の重要性

　「契約書の締結日がいつなのか」ということは、「契約の効力が発揮されるタイミングを表す」事象であることから、非常に重要な項目と言えます。

　契約日が記載されていない契約でも契約内容は有効ですが、「契約内容はいつから有効なのか」や「契約締結者は契約時に契約締結権限を有していたのか」などについて、疑義が生じる恐れがあります。また契約書の作成日は、契約の有効期間を決める重要な項目であるため、必ず記載しておかなければなりません。契約日の誤解が生じないよう、西暦か和暦かを明確にして記載することが必要です。

✎ バックデイト処理

　契約書の作成日を遡って記載する行為は、「バックデイト処理」などと言われています。実務においては、相手方から「バックデイト処理」の要望を

受けることがありますが、実態にそぐわない契約書を作成すると、契約の有効性に疑念を生じさせる原因となります。

　作成日を修正するのではなく、作成日以前の取引においても、当該契約内容を適用する、といった旨を契約書に追加すれば事足りるため、「バックデイト処理」は原則認めるべきではありません。

✎　契約書の作成日付の有効性を高める

　「確定日付」を取得することで、確定日付時点でその契約書が存在していたことを証明できます。確定日付は、公証役場に契約書を持ち込み、日付のある印章（確定日付印）を押捺してもらうことで取得できます。

　確定日付は、確定日付印によって当該書類が確定日付時点で存在していることを証明する効力を有していることから、たとえば相手方に契約書の作成日を改ざんされたとしても、確定日付を取得した時点で契約書が存在していたことを主張可能になります。

　ただし、確定日付付与の依頼に対して、公証役場の担当者は契約の詳細な内容までは見ていないため、確定日付はあくまで当該押捺日においてその契約文章が「存在」していたことを証明することにとどまり、契約書内の文章の真実性を証明するものではないことに注意が必要です。

Q35 契約書の証明力を高くしたい！どうしたらいい？

A 通常、売買契約などで締結する取引契約は、当事者が署名・押印していれば証明力を備えており、裁判で「支払いを命じる確定判決」を受けるための証拠として利用できます。さらに、「確定日付の取得」「公正証書化」や契約時の状況を記録することにより、契約書の証明力を強化することができます。

解説

✎ 契約書の証明力を強化する重要性

契約は、「契約書」という書面で締結する必要はなく、たとえ口約束であったとしても成立します。しかし、当事者双方の誤解を生まないためにも、契約内容をあらかじめ文書によって明確化し、契約内容を確定することが望ましいです。

特に訴訟において、裁判所は契約の成立および契約内容を認定するために、契約書の存在とその内容をきわめて重視します。そのため、契約書が存在することだけではなく、自社にとって不利とならない内容で契約を締結することが重要です。

契約は成立日や作成日が重要な意味を持つため、契約書には作成年月日を必ず記載しておくべきです。実務においては、契約書の作成日付を実際の作成日と異なる日付を記入することで、事実と異なる状態になっていることがあるため、作成日付が重要な契約については、契約書の証明力を強化し、紛争の発生をあらかじめ防止する必要性が生じます。

こうした契約書の証明力を強化することによって、万が一、訴訟になった

際に、有利に進めることができるだけでなく、相手方に契約内容をきちんと履行させる心理的なプレッシャーを与え、契約違反を未然に防ぐ効果も期待できます。

✎　契約書の証明力を強化するには

契約書は、確定日付の取得や公正証書化により、証拠能力を強化することができます。それぞれの手続については、**Q32**で詳述しています。

確定日付とは、その日にその文書が存在していたことを証明するものです。確定日付を取得することで、契約書の日付変更等の紛争をあらかじめ防止することができますが、あくまでその日にその文書が存在していたことを証明するものにとどまり、文書の成立や内容の真実性についてはなんら証明するものではない点に注意が必要です。

契約書を公正証書化することによっても、契約書の証明力を高めることができます。

公正証書は、公務員が職務上作成する公文書であり、訴訟において、文書の成立について真正である（その文書が作成名義人の意思に基づいて作成されたものである）と推定されるため、きわめて証拠能力の高い文書となります。また、強制執行認諾文言を入れておくことで、債権者は訴訟を提起しなくとも、公正証書のみで強制執行することができ、迅速な債権回収も可能となります。

Q36 公正証書や確定日付って何？ どうすればできるの？

A 「公正証書」とは、広義では公文書と同義を指すことがありますが、狭義としては、「公証人が作成した証書で、その内容に対して公証人が証明することで、証拠能力を高めた契約書」を指します。

「確定日付」とは、変更できない確定した日付のことであり、「その日にその文書が存在していたことを証明する」ものです。両方とも、公証役場で作成・取得することができます。

解説

✎ 公正証書

(1) 作成の効果

金銭の支払いを目的とする債務（借入金など）については、「債務者が強制執行を受けても異議がないこと」を、公正証書の中に盛り込んでおけば、公正証書自体が債務名義となり、裁判での判決を得ずして、ただちに強制執行を行うことができます。また、通常の売買契約においても、支払遅延の代金に対して、金銭を貸しているという形で再契約を結べば、準金銭消費貸借契約として同様の効力を生じさせることができます。

(2) 公正証書作成の準備

公正証書の作成においては、契約者が法人の場合には、法人の登記簿謄本（資格証明書）、代表者印、その印鑑証明書が必要となります。代理人によって手続を行う場合は、上記に加えて、代表者印が押印された委任状、代表者印の印鑑証明書（3カ月以内発行のもの）、代理人自身の身分証明書が必要

になります。

(3) 公正証書作成の依頼

全国の公証役場において、以下の流れで作成することができます。

① 公証役場へ電話連絡し、契約者双方で合意した契約書の原案を公証役場へ送付します。

② 公証人は、契約内容について法律に違反している部分がないかをチェックし、問題なければ公正証書を作成します。作成期間としては1週間程度ですが、数週間かかることもあります。

③ 契約者双方が公証役場へ赴き、公正証書を承認します。

作成した公正証書の原本は公証役場に保管され、いつでも閲覧可能ですが、公正証書に記載されている債権の関係者以外は閲覧できません。

(4) 公正証書作成費用

公正証書は、数千円から作成可能であり、作成手数料は契約ごとに算定される目的価額によって変わります。たとえば、売買契約において発生する債権の場合は、売買価格の2倍が目的価額の目安となります。

✎ 確定日付

(1) 確定日付を付与するメリット

確定日付時点で文章が存在することが認められるため、相手と契約を交わしたタイミングでトラブルになることを回避できます。ただし、文章の内容や真実性を証明するものではないことを心得ておくべきです。

(2) 確定日付の取得

確定日付の取得において、特別に必要となる書類はありません。公証役場に契約書を持参し、その場で確定日付の取得費用700円（2021年7月現在）を支払って、確定日付印を押してもらいます。確定日付の取得手続を代理人によって行う場合でも、必要な書類はありません。

Q37 取引先から、電子契約での契約締結を打診された！　電子契約・電子署名システムは導入すべき？

> **A**　電子契約を導入することで、印紙税の節約や契約締結までの短期化といったメリットがあります。ただしその運用には、情報漏洩等のセキュリティ面や社内ルールの整備などが必要になることから、しっかり準備をして望みましょう。

解説

✎　電子契約とは

　電子契約は、認証局が発行した「電子証明書」の発行により、電子文書の正当性を証明します。電子署名とタイムスタンプが施された電子文書による電子契約の場合は、電子署名法によって書面と同様に法的な効力を持つことが認められています。電子署名は、本人が作成した「本人の証明」、タイムスタンプは署名時点から文書が改ざんされていない「非改ざん性の証明」により、電子契約の安全性を担保しています。

　また電子帳簿保存法により、4つの要件「真実性の確保」、「関係書類の備付」、「検索性の確保」、「見読性の確保」を満たした場合に、契約書など各種帳票を電子化することが認められています。

✎　電子契約導入におけるメリット

　電子契約を導入することで、契約交渉から契約締結まで迅速に手続可能である点や、契約書をサーバー上へ保存することによる検索機能の活用など利便性が大幅に向上します。また、電子契約における印紙税は、非課税のため、

印紙代金を削減することが可能となります。

【図表】電子帳簿保存法による要件について

真実性の確保	設定タイムスタンプか。社内規定を作成しているか。
関係書類の備置	各書類間において相互にその記録事項の関連性を確認できるか。
検索性の確保	さまざまな条件で検索可能か。
見読性の確保	モニター・プリンターで契約内容を確認できるか。

✎　電子契約導入における検討事項

(1)　情報セキュリティ面の強化

電子契約は電子ファイルであるため、常に情報漏洩のリスクがあることから、全社的に情報セキュリティ対策を強化することが必要です。

(2)　社内ルールの整備

電子契約を初めて導入する場合には、電子契約の取扱いについて新しい社内ルールを設ける必要があるため、主に以下の6点についてあらかじめ検討しましょう。

- ・電子化する契約の選定　　・契約締結権限者の設定
- ・締結の承認プロセスの決定　　・電子契約の保管方法
- ・セキュリティに関するルール　　・電子契約ツールの選定

(3)　契約締結権限の有無の確認

例えば契約締結権限を有していない担当者が署名した場合は、契約が無効性となることが考えられます。契約締結時には、電子署名に関する電子証名書等を発行することで、本人により署名がされたことを立証することができます。

電子契約の導入には、セキュリティ環境や社内ルールの整備が必要となり、検討事項は少なくありませんが、社内DX（デジタルトランスフォーメーション）化においては有効な手段といえますので、簡易的な契約から段階的に導入する等、取り組みやすい方法を検討すると良いでしょう。

Q38　取引信用保険って何？

A　取引信用保険とは、自社が保有する債権に対して、保険会社などの第三者が保証することで、貸倒れに対する保全を図ることができる金融サービスです。

取引信用保険と同様に第三者に債権リスクを転嫁する方法として、債権保証サービスやファクタリングなどが挙げられます。いずれも取引先を変更することなく、貸倒れリスクを軽減することができるため、債権保全の有効な手段の１つと言えます。

解説

✎　取引信用保険

一般的な取引信用保険の特徴としては、「一定数以上の取引先に対する債権を包括的に契約する」、「スポット契約は不可」などの制約がありますが、「保険料率は債権保証サービスなどに比べて安い」といった利点があります。

取引信用保険は、大手損害保険会社や取引信用保険を専門とする会社などが販売しています。各社で引き受ける条件などが異なるので、自社の取引実態に適合した保険を選ぶことが重要です。

✎　債権保証サービス

債権保証サービスの特徴としては「取引信用保険よりも保証料率が高い」反面、「個別の取引先や債権に対して契約可能」、「取引先が倒産前の状態でも支払遅延が発生すれば支払いを受けられる」といった利点があります。

取引信用保険では、包括的な保証により優良な取引先も保証対象に含まれ

てしまうため、無駄なコストが発生するデメリットがありますが、債権保証サービスの場合は、信用力の低い先のみでも保証が付けられるため、効率的な付保が可能となります。

　リスクモンスターの債権保証サービス（Secured Monster）では、保証会社と提携し、保証料率や保証限度の審査を信用格付（RM 格付）と連動させるサービスとなっており、信用力の低い取引先に対して 1 社単位から保証を掛けることができます。

✎　ファクタリング

　ファクタリングの効果は債権保証サービスと似ていますが、債権保証サービスが倒産や支払遅延発生に備えた保証であるのに対して、ファクタリングはファクタリング会社への売掛債権の売却という点で異なります。

　ファクタリングのメリットとしては、売掛債権を回収期日前に資金化できるため、流動性を高めることができます。また割引手形のように、回収不能となった場合に自社が買い戻す義務がない点も大きな利点と言えます。

　ただし、ファクタリングは、債権譲渡にあたり、契約上で債権譲渡禁止の特約を設けている場合は適用不可能となるため、注意が必要です。

✎　債権保全サービスの使い方

　保険会社や保証会社も採算の確保が必要であるため、回収可能性が低い債権に対しては、「保証の拒否」、「高い料率の設定」、「保証限度額の制限」等の厳しい回答が返ってくることがあります。自社としても、利益率の低い取引に対して高い保全コストを掛けることは、採算の悪化を招きますので、債権保全サービスの利用においては、自社に有利な取引条件の交渉など自社努力で可能な部分を対応した上で検討することが望ましいです。

Part3

もしかして危険のサイン?

Q39 信用調査会社などの評点や格付が下がった！どんなことが考えられる？

> **A** 　信用調査会社では、調査を通じて得た情報に基づいて調査員が主観的・客観的の２面で評価を実施し、評点や格付をつけています。
>
> 　評点や格付が下がった際は、信用調書を取得したり、調査会社への問合わせによって取引先の信用力が大きく下がっていないか、支払能力が悪化していないかを確認しましょう。

解説

評点や格付が下がる理由としては、以下のことが考えられます。

✎ 業績が悪化

取引先の業績が大幅に悪化して、信用力が低下した場合は、評点や格付が下がることがあります。業績が悪化している場合は、今後の業績予想を確認し、業績悪化が取引先の支払能力や信用力に与える影響を検証すべきです。

✎ 財務内容に不安

取引先や金融機関等の第三者から入手した決算書の内容に「債務超過に陥っている」、「借入れが多い」、「在庫が過多で不良在庫の可能性がある」、「不良債権が計上されているおそれがある」、「粉飾の疑惑がある」といった不安な点がある場合にも、評点や格付が下がることがあります。可能であれば、取引先から財務情報を直接入手し、財務分析を行って、取引先の支払能力や信用力を評価し直しましょう。

また、財務情報を直接入手することが難しい場合には、信用調査会社等の

第三者から財務情報を入手し、財務内容を確認します。

✎　不安情報を入手

　信用調査会社が取引先の不安情報を入手し、取引先の信用力が低下した場合に、評点や格付が下がることが考えられます。信用調査会社等からのヒアリングにより詳細な情報を収集し、取引先の評価に役立てましょう。

✎　事業継続に懸念

　評点や格付が大幅に下がった場合は、廃業や解散の予定がある、事業再生ADN などの私的整理を行っているなど、取引先の今後の事業に懸念がある情報を信用調査会社が入手している可能性があります。

　信用調査会社等へのヒアリングにより詳細を確認し、今後の取引の方針や債権保全の方法を検討します。

✎　開示姿勢が悪化

　従来、情報の開示を行っていた企業が情報の開示を行わなくなったときに、評点や格付が下がることがあります。

　開示姿勢が消極的になる理由には、会社の情報開示方針の変更の他、業績や財務内容の悪化による可能性が考えられます。通常は、開示姿勢が悪化した場合は、企業が開示したくない状況にあると考え、取引先の信用力を計るべく、情報収集に努める必要があります。

✎　取引先や金融機関の撤退

　仕入先・販売先が大手企業の場合には、評点が高くなる傾向があります。大手企業が取引から撤退した際には、上述した不安情報等により撤退している可能性があることから、撤退した理由を把握することが重要です。

　また、取引金融機関が変化した場合にも、同様の可能性があることから注意が必要です。

Q40 取引先が赤字になった！ 何を検討すればいい？

A 「売上高の推移」と「損益計算書のどの利益段階から赤字に転落しているのか」を確認しましょう。赤字の原因は赤字に転落した利益段階からおおむね推測できます。

赤字の計上は、自己資本の毀損やキャッシュレベルの低下の他、資金繰りにも影響することから、赤字幅と財政状態を比較し、赤字は一過性のものなのか、赤字解消策とあわせて確認することで、今後の事業活動への影響を探りましょう。

解説

✎ 売上総利益（粗利益）の段階で赤字に転落している場合

売上原価が売上高を上回り、全く利益が得られていない状態であるため、明らかに異常な状態と言えます。まず、売上高の推移を確認します。売上高が大幅に減少している場合は、今後の売上見通しを検討する必要があります。今後も売上高の回復が望めない場合には、リストラの実施などによる費用の削減に取り組んでいるかを確認しましょう。

次に、原材料や労務費、外注費などの製造コストや商品の仕入コストが高くなっていないかを確認しましょう。原材料や商品の価格が高騰している場合は、今後も価格の高騰が続き、高騰分を販売価格に転嫁できなければ、赤字が続くおそれがあり、事業縮小や撤退の可能性を検討する必要があります。

また、取扱製品・商品の販売単価を調べ、廉価販売の実施の有無も確認します。廉価販売の場合、在庫を減らして、現金を捻出しようとしている可能性が考えられます。資金繰りの状況を把握し、取引先の信用力に変化が生じ

ていないかを調査しましょう。

✏ 営業利益の段階で赤字に転落している場合

　本業での収益力が乏しい状態であり、十分な粗利益を得られていない場合や販売や管理に関わる人件費や経費が急増している場合があります。従業員や他のコストを業界標準と比較し、高コスト体制ではないかを確認し、早期の是正可能性を検討します。

　また、減価償却費計上前段階での営業利益（償却前営業利益）を確認しましょう。償却前営業利益が赤字の場合は、本業での資金流出のおそれがあるため、資金繰りの悪化に注意が必要です。

✏ 経常利益の段階で赤字に転落している場合

　支払利息や雑損失などの営業外費用がかさんでいる可能性があります。借入状況を把握し、借入れが急増している場合には、借入金額や借入理由、返済の見通しを確認しましょう。また、借入金額と支払利息から支払利息率を類推し、高利金融の利用の有無を検証します。高利金融利用の可能性がある場合には、金融機関からの評価が低下していないかを調査します。

✏ 当期純利益の段階で赤字に転落している場合

　特別損失の計上を確認します。損失を出してまで固定資産や有価証券を売却している場合は、売却金額と売却理由を確認しましょう。また、貸倒損失を計上している場合には、貸倒れが発生した先や貸倒金額を確認し、資金繰りへの影響を確認すべきです。

✏ 資金繰りへの影響確認

　当期純利益の赤字による純資産（自己資本）毀損のおそれがありますので、純資産の額を確認し、財務体力への影響度合いを検討しましょう。

　連続して赤字を計上している場合には、金融機関からの評価下落や資金調達余力の低下についても確認すべきです。

売掛債権や棚卸資産が多額で目立っている！
どんなことが考えられる？

> **A** 　売掛債権や棚卸資産は、粉飾決算に用いられやすい点が特徴です。それぞれの回転期間を算出し、業界標準値や過去の回転期間と比較することで、異常がないか見抜くことができます。異常値が見られた場合には、粉飾決算のおそれがあるため、取引先の実態の財務体力を計る必要があります。
> 　財務指標分析による異常値は、粉飾を見抜く手がかりとなりますので、見落とさないように注意しましょう。

解説

　売掛債権回転期間は、取引先からヒアリングした回収サイトと乖離がある場合や業界標準値より長期である場合には、注意が必要です。同様に棚卸資産回転期間においても、商品の適正在庫量や業界標準値を大幅に上回っている場合には、注意が必要です。業界や取扱商品によって異なりますが、一般的に売掛債権回転期間は4カ月以上、棚卸資産回転期間は3カ月以上の場合には異常値として捉えるべきと言えます。

✎　売上高や収益の架空計上

　売掛債権回転期間の長期化や売上総利益率の急上昇がみられる場合には、売上高や利益の架空計上の可能性を検討しましょう。売上高を架空計上する際には、相手勘定として売掛債権が使われやすいので、決算書の勘定科目明細を入手し、取引先の銘柄や回収期日を確認しましょう。また、架空計上には、棚卸資産や未収入金など、外部からでは詳細を確認しにくい勘定科目も使われやすく、注意が必要です。

✎ 費用の無計上や過少計上

　棚卸資産回転期間が長期化している場合には、本来原価として計上すべきものを計上しないことで利益を創出している可能性を検討しましょう。売上原価は、期首棚卸資産と当期仕入高の合計から期末棚卸資産を差し引いて計算します。そのため、期末棚卸資産の金額を実態よりも多額にすることで、売上原価が小さくなり、その分利益を過大に計上できます。

　棚卸資産以外にも、減価償却の過小計上や、計上すべき引当金や未払金等の未計上により、費用を抑えて利益を創出する方法などがあります。各勘定科目に異常な動きがないかを確認しましょう。特に、法人税申告書が入手できている場合は、別表十六(一)および(二)で償却不足額の有無を確認し、償却不足額があれば、償却不足額を考慮した利益を基に、取引先の実態把握に努めましょう。

【図表】在庫操作による利益の粉飾事例

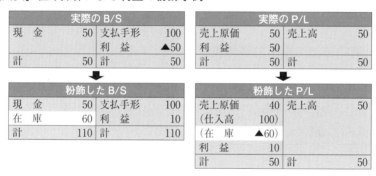

　売掛債権回転期間や棚卸資産回転期間が長期化している場合は、粉飾以外にも不良債権や不良在庫の有無を検討しなければなりません。販売先の倒産等により回収の見込みが少ない不良債権や長期間保有しているものの、今後販売できる見込みが少ない不良在庫は、実質的には資産としての価値はないと考えられます。

　不良債権や不良在庫は、本来損失計上されるべき資産ですので、その存在が確認された場合には、それらの帳簿上の金額を純資産から控除して、取引先の財務体力を計る必要があります。

Q42 支払遅延情報を入手した！何を検討すればいい？

> **A** 支払遅延などの支払いに関する不安情報は、取引先に資金不足が生じているという倒産に直結する情報であり、緊急度が最も高い情報の1つです。
> 　取引先の支払遅延情報を入手した場合、まずはその情報が確かなものか裏付けをとると共に、支払遅延が発生した原因を確認した上で、今後の取引方針を決定する必要があります。

解説

✎ 真偽確認のための情報収集

　支払遅延情報の情報入手元に対して、情報の真偽を確認すると共に、調査会社への調査依頼等を通して審議を判断するための情報を収集します。支払遅延情報は、取引先への支払遅延の他、従業員への給与遅配などの情報も含まれます。

　支払遅延の原因が資金不足の場合は、資金不足が一時的かどうか確認しましょう。長期的な資金不足の懸念がある場合には、近い将来、自社にも支払遅延が発生する可能性が考えられます。自社への支払遅延発生時に備えて、準備が必要です。支払遅延発生時の対応方法は、**Q2**で詳述しています。

✎ 有事に備える

　自社への支払遅延発生に備えて、売掛債権・買掛債務の残高を確認しましょう。取引先に対する買掛債務と売掛債権の相殺は、有効な回収手段となります。

　その他の検討事項としては、取引低減の検討の他、契約内容として必要な
条項が漏れなく記載されているかを確認し、条項に漏れがある場合には、覚
書等により条項を追加することを検討しましょう。必要な契約条項について
は、**Q4**で詳述しています。

✎　不安の抗弁権

　不安の抗弁権とは、取引先の財政状態が悪化し、債権の回収が懸念される
場合に、回収懸念が解消されない状態においては商品の引渡しを拒絶できる
権利です。そのため、未出荷または出荷中の商品がある場には、商品の出荷
停止を検討しましょう。また、一定の条件の下では商品の出荷停止ができる
ように、あらかじめ契約書に定めておくことが望ましいです。

　出荷停止条項の有無にかかわらず、十分な調査や交渉を行わずに、出荷の
停止を行うと、逆に取引先から債務不履行に基づく損害賠償請求等を受ける
可能性があるため、注意が必要です。

✎　今後の取引方針の決定

　収集した情報および契約内容を基にして、自社として今後も取引を継続す
るか否かを決定します。取引を継続する場合は、現在の取引先の信用力に応
じた新しい与信限度額を設定します。また、必要に応じて保全策として追加
担保の取得などを検討しましょう。

Q43 欠陥・偽装情報を入手した！何を検討すればいい？

A 　製品・商品の欠陥や偽装に関する情報は、マスコミ報道などによって広く拡散されやすい性質があります。そのため、欠陥や偽装による本来の損害以上に信用力の低下を招き、影響が長期間に及ぶことがあります。欠陥や偽装の発覚が取引先の倒産に結びつくか否かは、取引先の業績や余裕資金の量、対象商品が取引先の主力商品か否か、欠陥や偽装による取引先の信用力低下の程度によることになります。

解説

✎ 欠陥・偽装商品の特定

　商品の欠陥や偽装に関する情報を入手したら、真偽を確かめましょう。誤情報の場合には、ホームページ等で「当社の発表によるものではない」といったコメントが発表されることもあります。

　次に欠陥や偽装が行われた商品を特定し、今後取引先が当該商品の取扱いを継続するか否かを確認しましょう。上場企業においては、適時開示にて欠陥・偽装の対象商品や今後の対応等が報告されます。対象商品が、取引先の主力商品である場合には、今後の経営に大きな影響が生じる可能性が高くなります。

　また、自社との取引に関係する商品で欠陥や偽装があり、取引先が当該商品の取扱いを停止または中止した場合は、自社の受発注に直接的な影響が生じますので、速やかな確認が必要です。

✎　影響度の検討

　商品の欠陥・偽装が取引先に与える多様な影響を考慮したうえで、今後、その取引先とどのように取引を行っていくのか、自社としての取引の方向性を検討していく必要があります。

　⑴　取引先の是正対応の確認

　欠陥や偽装があった商品に対する取引先の対応方針を確認しましょう。欠陥商品をリコールする場合には、回収や改修にかかるコスト、欠陥による被害に対するコストの発生が考えられます。業績や資金繰りに影響を及ぼす可能性があることから、対応方針や規模の把握に努めましょう。

　⑵　風評業績の悪化

　マスコミ報道によって欠陥や偽装の情報がどの程度広がっているのか、その情報により取引先の信用力がどの程度低下しているのかを把握しましょう。信用力の低下が長期間に及ぶ場合、取引先の業績にも大きな影響を与えるおそれがあり、最悪の場合、取引先が倒産してしまう可能性もあります。特に偽装情報の場合には、著しい風評の悪化が懸念されることから、注意が必要です。

　⑶　業績・資金繰りの悪化

　欠陥や偽装があった製品・商品が主力製品の場合や製品・商品の自主回収の実施、取引先から損害賠償を請求されている場合には、業績・資金繰りが大幅に悪化する可能性が考えらえます。想定外の資金需要によって資金繰りが悪化し、自社への支払いに支障をきたす可能性があります。

　⑷　許認可

　官公庁の許認可が必要な業種の場合には、欠陥・偽装の発覚により指名停止や営業停止などの行政処分を受ける可能性があります。指名停止や営業停止は、将来の収益機会の損失となるため、取引先に対する行政処分の有無を確認し、処分を受けた場合には、取引先の今後の業績への影響を検討する必要があります。

Q44 手形に関する不安情報を入手した！ 何を検討すればいい？

A 　不渡手形情報や手形割止め情報などの手形に関する不安情報を入手したら、まずは不安情報の詳細と情報の真偽を確認しましょう。確認は、取引先や信用調査会社等へのヒアリングを通して行います。

　入手情報が事実であった場合には、債権・債務の相殺や今後の取引方針について検討することが必要です。

解説

✎ 不渡手形情報

　不渡手形情報とは、支払手形の期日に決済が不能となったことを指す情報です。6カ月以内に2回発生させると、手形交換所取引停止処分（銀行取引停止処分）となり、以後の手形交換所（銀行）を介した決済が一切不能となるため、実質的に倒産扱いとなります。一般的に、1回目の不渡り発生から2週間〜4週間後に2回目の不渡りが発生しやすいため、1回目の情報入手時点で、倒産直前状態であることを認識し、迅速に行動する必要があります。

　不渡手形情報を入手したら、支払遅延情報入手の際と同様に、資金繰り実績予定表の徴求や状況ヒアリング等により、取引先の資金繰り状況を把握し、今後の事業継続の可否や自社への支払いの可否を検討する必要がありますが、手形不渡りにおいては、契約書内で期限の利益の喪失事由として定められてことが多いため、該当する場合には、速やかに期限の利益を喪失させ債権回収を図ることを優先的に検討すべきといえます。

✎ 融通手形情報

融通手形とは、商取引がないにもかかわらず振り出される手形のことです。受取人は、この手形を銀行等で割り引くことで資金を調達します。融通手形は、資金繰りが苦しい企業同士が、お互いに資金を調達するために手形を振り出しあうケースが多く見られますが、資金繰りが潤沢な企業が苦しい企業に対して資金支援を行う際にも用いられます。一方の企業が手形を決済できずに倒産すると、もう一方の企業も資金繰りに支障をきたして連鎖倒産しやすくなりますので、融通手形の情報を入手した場合には、危険な状態にあるものと判断し、取引先の資金繰り状況の把握や、取引先の信用力を再評価して、今後の取引方針を見直す必要があります。

✎ 手形割止め情報

手形割止めとは、市中金融業者が持ち込まれた手形の割引を拒否していることを指す情報です。情報の真偽を確認すると共に、割止めになった理由を探る必要があります。

割止めの理由として、取引先の信用力が低下している可能性が考えられます。取引先や信用調査会社へのヒアリング、決算書等の入手・分析などから、取引先の信用力に変化が生じていないかを確認します。

その他に、取引先の売上規模と比較し、手形の金額が大きすぎる場合も割止めとなることがあります。手形の金額を確認し、金額が大きい場合には、大型案件の受注など正当な理由の有無を確認する必要があります。

✎ 白地手形振出情報

白地手形とは、金額欄が空白な状態で振り出された手形のことです。白地手形は、受け取った側が自由に金額を記入できるため、大変危険な手形です。通常の取引では発行しない手形ですので、取引先が白地手形を発行しているとの情報を入手した場合には、取引先に発行した理由や受取人、受取人との関係を確認し、取引先の資金繰りや信用力への影響を検討すべきです。

Q45 役員・代表に関する不安情報を入手した！何を検討すればいい？

> **A** 役員・代表者の逮捕や死亡などの役員や代表者に関する不安情報は、企業の存続や信用力に大きな影響を与えます。特に代表者は企業経営を大きく左右する存在ですので、詳細な情報収集に努めて、真偽を確認し、事業や企業の信用力に与える影響を検討しましょう。

解説

✎ 役員・代表者の逮捕

役員や代表者の逮捕情報を入手した際は、新聞等の記事や調査会社への問合せ等により事実関係を確認し、経営への影響度を計る必要があります。取引先が許認可や登録が必要な業種である場合には、役員や代表者の逮捕により許認可や登録が取り消されるおそれがあるため、取引先の事業継続の可能性や今後の取引方針についても検討が必要となります。行政処分情報は、各自治体のホームページ上で確認することができます。

✎ 代表者が死亡

代表者の死亡や逮捕は、ワンマン経営企業においては特に影響が大きく、最悪の場合、事業が継続できなくなるおそれもあります。社内の状況や事業への影響度を把握すると共に、後継者の有無を確認し、取引先の信用力を再評価しなければなりません。また、後継者が事業を継承した場合でも、経営方針が急転換されるケースがあるので、動向を注視する先として定期的に情報を収集し、業績の変化を見逃さないように注意する必要があります。

✎ 内紛の発生

　取引先で内紛の発生は、取引先の事業に悪影響を及ぼすおそれがあります。内紛の影響で役員や社員が大量に退職した場合には、営業力の低下だけでなく、取引先の事業ノウハウが流出する可能性が考えられます。また、残った社員の士気やモラルの低下によって、品質や納期の悪化につながる可能性があるため、自社との取引への影響も注意しなければなりません。

　また、定期的に取引先を訪問し社内の雰囲気を確認したり、商業登記簿を入手して役員に大幅な変更がないかを確認したりすることも大切です。商業登記簿の役員変更の事由が「辞任」ではなく「解任」となっている場合には、任期前の解任であることを表しているため、原因を調査すべきです。

✎ 経営幹部の退職

　経営幹部は、社内の実情を把握できる立場にあります。そのため、取引先の役員や経営幹部、経理幹部が突然退職した場合には、取引先の業績や資金繰りの悪化を事前に察知して退職した可能性が考えられます。取引先へのヒアリングにより、退職理由を確認すると共に、取引先の業績や資金繰りの状況を把握し、取引先の経営状態に異常が生じていないかを確認する必要があります。

✎ 役員・代表者が反社会的勢力と関係

　経営陣と反社会的勢力との関係に関する情報は、企業の信用力を大きく毀損する情報の1つです。反社会的勢力に関する情報を入手した際の対応については、**Q53**で詳述します。

Q46 銀行・取引先に関する不安情報を入手した！何を検討すればいい？

A 　メインバンクの変更や多行取引、大口販売先の撤退などの情報を入手した場合は、取引先の資金繰りの安定性に懸念が生じるおそれがあります。
　真偽を確かめると共に、詳細な内容を調査し、取引先の状況把握に努めなければなりません。

解説

✎ メインバンクの変更

　メインバンクの変更は、取引先が振出した小切手や手形の支払先銀行、決算書の勘定科目明細、不動産登記簿の権利部（乙区）を確認することで把握することができます。メインバンク変更の理由としては、融資の借換えなど取引先の意向で変更している場合や、取引先の業績悪化などに起因する信用力低下によって銀行側の支援態勢に重大な変化が生じ、変更に至っている場合が考えられます。メインバンクの変更理由は、取引先に対する金融支援状態を把握するうえで重要な情報ですので、必ず確認しましょう。

　特に、メインバンクがメガバンクなどの上位行から、信用金庫などの下位行に変わった場合には、上位行の融資基準を満たせなくなり、下位行との取引に移行している可能性がありますので、注意する必要があります。

✎ 多行取引

　例えば、売上高１億円の企業が10行以上の銀行と取引を行うような、企業規模に比べて取引銀行が多い状態を「多行取引」と言います。多行取引にお

いては、どの銀行も大きな与信リスクをとりたくないと考えている可能性が
あります。

　メインバンクの有無や、借入状況、資金繰り状況等の情報を収集し、資金
面に不安はないか、支払能力に変化はないかを検討する必要があります。

✎　金融機関の支援体制の変化

　金融機関の撤退は、根抵当権極度額の確定や債権譲渡登記を確認すること
により把握できます。根抵当権極度額の確定は、金融機関が支援を停止し、
債権回収に移行しているおそれがあります。定期的に取引先の不動産登記簿
を取得し、新たな担保設定がないか、既設定の（根）抵当権に変化がないか
などを確認することは有効と言えます。

　また、金融機関が融資債権の回収が困難と判断した場合には、債権を債権
回収会社に売却することがあります。債権の売却時には、（根）抵当権の譲
渡登記や債権譲渡登記が設定されるため、不動産登記簿や債権譲渡登記を取
得することで、金融機関の債権売却を確認することができます。

✎　大口販売先の撤退、契約の打切り

　取引先の大口販売先が撤退し、契約が打切りとなった場合、売上高が大幅
に下がるおそれがあります。大口取引先が撤退した理由や新たな取引先の開
拓状況を確認し、取引先の信用力や業績、資金繰りへの影響を検討する必要
があります。

　また、撤退した大口販売先との取引内容が、自社との取引に関わるもので
あった場合、自社への発注が減少する可能性があります。自社との取引への
影響も必ず確認し、取引が減少する場合は、自社内の与信限度額の見直しを
行わなければなりません。

Q47 信用不安情報ってどこで入手できるの？
どんな種類があるの？

A 　信用不安情報とは、「不渡りを出したらしい」、「融通手形を
切り合っているらしい」、「決算を粉飾しているらしい」、「有能
な営業部長が辞めたらしい」、「手形が街金に出回って割止めに
なったらしい」など会社の信用力に関する不安情報のことです。
信用不安情報は、信用調査会社や取引先の社員や関係者、競合
他社などから入手することができます。常日頃から調査会社や
取引先とコミュニケーションをとり、情報を入手しやすい関係
を構築しておくことが大切です。

解説

✎　信用不安情報との関わり方

　取引先の信用不安情報を入手したときに重要なことは、それらの情報の出
所・背景を確認し、裏付けをとったうえで、「取引先との取引方針を見直す」、
「取引から撤退する」などの判断につなげることです。信用不安に関する噂
が立つ先は、それなりの理由があることが多く、危険な状況である可能性が
高いものの、取引撤退などにより禍根が残ることもあるため、慎重に事態を
見極める必要があります。

　取引先に信用不安情報が発生した際には、自社がその情報を速やかに入手
できるように、日頃から信用調査会社や取引先の社員および関係者、競合他
社などとコミュニケーションを取り、関係を構築しておくことが事故の防止
につながります。関係を構築するにあたっては、情報をもらうだけでなく、
時には自社からも情報を提供するなど、積極的に情報交換する姿勢を持つこ

とが重要です。

　信用不安情報には、さまざまな種類があるため、それらの情報が何を意味しているのかを正確に知ることが適切な対応を行うための基礎となります。下表は注意を要する情報をまとめており、下線部は特にリスクが高い情報です。

【図表】信用不安情報の種類

情報の種類	情報の例
ヒ　ト	「経営者が死亡した」「役員、経営幹部、経理幹部が退社した」「内紛が起こっている」「社員が大量に退社した」
モノ（商品・生産設備）や取引	「大口取引先が撤退した」「ダンピング（不当廉売）を行っている」「提携を解消した」「予定されていた提携が中止された」「クレームや返品が大量に発生した」
貸倒れ	「販売先が倒産し、大口の不良債権が発生した」
業　績	「粉飾のうわさがある」「有価証券報告書に継続企業の前提注記が記載されている」「売上が激減している」「債務超過に陥っている」「借入が多すぎる」「期中に監査法人が変わった」
権利関係	「差押えや競売開始決定がなされた」「訴訟を起こされている」「動産譲渡登記や債権譲渡登記がされた」「不動産への担保設定が増えた」
手形・資金調達	「手形が割止めになっている」「市中に手形が出回っている」「高利資金を導入している」
事件・事故	「架空取引など、違法性のある取引をしている」「役員、経営幹部、経理幹部が逮捕された」「商品、製品の偽装が発覚した」「行政処分（営業停止、課徴金、許可取消）を受けた」
支払い	「給与が遅れている」「支払いが遅れている」「手形ジャンプを要請している」「銀行借入れの返済が滞っている」「家賃を滞納している」
関係会社の経営悪化	「関係会社が倒産した」「関係会社の経営が悪化している」「関係会社に対して多額の融資や保証をしている」

Q48 取引先が合併した！
何に注意すればいい？

> **A** 取引先の合併情報を入手した時は、合併の目的や手法について確認しましょう。また、取引先が存続企業であるのか、消滅企業であるのかも重要なポイントです。

解説

✎ 合併の目的・手法を確認

　合併は、主に企業や事業の再編を目的とした手続です。事業規模の拡大や新規事業への参入のためだけではなく、グループ内で経営が行き詰まった会社の企業内リストラ（再構築）の一手段などとしても利用されます。

　合併は、吸収合併と新設合併の2つに大別されます。吸収合併は、1社が存続し、他の企業が解散・消滅するものを言い、新設合併は、合併当事者の全てが解散し、同時に新会社が設立されるものを言います。それぞれの手続によって、取引や債権債務の継承が異なるため、取引先の手法について確認し、取引を継続するか検討することが必要です。

✎ 取引先が存続企業の場合

　取引先が存続企業の場合には、消滅企業の負債を抱える等により、取引先の業績や財務内容が悪化する場合もあるため、消滅企業の事業が取引先に与える影響を調査する必要があります。

　新設合併は、吸収合併と異なり、消滅する会社から、事業を行う上で必要となる免許や許認可を引き継ぐことができません。同じ事業を行うには、新会社で再び免許・許認可を取得する必要があるため、自社に関連する事業が

免許・許認可を要する事業の場合には、新会社における免許・許認可の取得方針を確認すべきです。

✎ 取引先が消滅企業の場合

取引先が消滅企業の場合は、合併により取引先の一切の権利・義務は存続企業に移転となるため、取引先と締結した契約は存続企業に承継され、存続企業と取引を行うこととなります。そのため、別企業との取引開始と捉えて、存続企業の信用力を評価し、信用力に見合った取引に変更する必要があります。取引継続が危険と考えられる場合には、取引先と締結した契約の「契約解除条項」に合併要件の記載があれば、契約を解除することができます。

また、存続企業が事業の見直しを行い、一部の事業から撤退することもあるため、自社の取引に関係する事業が撤退する事業に含まれないか注意すべきです。

なお、取引先が他社に事業譲渡する場合は、従前の取引先との取引を継続するか否かは譲受企業の判断となり、譲渡企業の債務は原則として譲受企業に引き継がれません。取引先との取引に関係する事業が事業譲渡の対象となっている場合には、譲受企業の自社との取引継続意向を確認しなければなりません。また、事業譲渡前に発生した債権は譲渡企業に対するものですので、事業譲渡後の譲渡企業の支払能力についても検討する必要があります。

✎ 異議申立ての検討

企業が合併する場合には、官報にて公告し、かつ、債権者に対して個別に催告が行われます。公告に異議申立てができる期間が明記されていますので、異議を申し立てるか否かを検討し、申し立てる場合には、期間内に行う必要があります。

異議を申し立てた場合には、消滅企業等から自社に対して、債権の弁済、相当の担保の提供もしくは信託会社等への相当の財産の信託がなされます。

Q49 「取引先の販売先」が倒産した！何に注意すればいい？

A 「取引先の販売先」が倒産した場合、取引先は売掛金や手形からの現金回収ができないことで資金繰りに支障をきたす可能性があり、最悪の場合、取引先自身も倒産（連鎖倒産）し、自社が貸倒れを被る可能性もあります。

取引先の貸倒金額を確認すると共に、現在、取引先に資金の余裕がどれくらいあるのか、新たに資金調達余力がどれくらいあるのかを類推し、「取引先の販売先」が倒産した場合の影響度合いを推測することが必要となります。

解説

✎ 倒産形態の確認

「取引先の販売先」の倒産が清算型倒産手続なのか、再建型倒産手続なのかによっても倒産の影響度合いは変わってきます。必ず倒産形態を確認しましょう。

(1) 清算型倒産の場合

短期的な観点では、再建型倒産の場合も同様ですが、取引先の資金繰りに影響が生じる可能性があるので、まずは、どれだけの被害が生じたのかを把握するために取引先の貸倒金額を確認します。貸倒金額が把握できたら、当期純利益や現預金残高、月商などと比較し、赤字化や資金ショートの可能性を検討しましょう。

長期的な観点では、その販売先を失うことによって取引先の売上が減ることとなるので、倒産企業との取引規模を確認し、今後の取引先の業績への影

響を把握する必要があります。

(2)　再建型倒産の場合

倒産企業の再建計画において、取引先が関わっている事業の継続性を確認します。当該事業が継続する場合は、販売には影響が少ないことが考えられます。さらに、倒産後の取引においては、回収サイトの短縮や利益率の上乗せを交渉することで、貸倒れの損失を回収できる可能性もあります。一方、当該事業から撤退する場合は、清算型倒産の場合と同様に、貸倒れによる資金繰りの影響に加えて、業績への影響にも注意する必要があります。

✎　貸倒情報の入手

貸倒れの発生は、債権者リストや取引先の決算書（貸倒損失の計上）で確認することができます。債権者リストは、法的整理の事件記録として裁判所で閲覧することができ、信用調査会社などから入手できることもあります。貸倒情報においては、貸倒金額の確認が重要となります。債権者リストで正確な貸倒れ金額を把握できない場合には、取引先と倒産企業の取引規模や決済条件が分かれば、貸倒金額を推測することも可能です。

✎　取引先の貸倒れ

金額が少額であっても貸倒れが多発している場合には、取引先の管理体制が甘くなっていたり、業績の悪化から相手の信用力を度外視して手当たり次第に取引をしていたりする可能性があるので、注意が必要です。

また、貸倒れが頻発すると、「貸倒れにより業績や資金繰りに影響が生じている」として、取引先の対外信用が低下し、取引条件の悪化を招いたり、取引を敬遠する企業が出てきたりすることで、さらに業績や資金繰りに影響が出る可能性もあります。

得意先から取引先の紹介や取引への介入依頼をされた！　何に注意すればいい？

A　得意先から取引先の紹介を受けた場合には、自社が間に入る理由をきちんと確認しましょう。得意先からの紹介だからと、情報収集や分析が疎かなまま取引を開始するのではなく、新規取引と同様の手順で取引の可否を検討しましょう。得意先と取引先は、別会社であり、取引先との間で事故が発生しても得意先が保証してくれるわけではありません。情報収集をしっかりと行い、定量分析・定性分析・商流分析から取引先の信用力を見極めたうえで、自社が許容できる範囲で取引を行わなければなりません。

解説

　紹介案件の中には、取引先の信用力が低い企業や危険な取引が存在することがあります。取引の可否を検討後、リスクがない場合には収益獲得の機会と捉え積極的に取引を開始しましょう。

✎　取引リスク回避のための介入依頼

　介入依頼をされる理由の1つに、仕入先が販売先への与信リスクを回避することがあります。仕入先にとって販売先は信用を供与するに値しない、つまり、信用力が低い先だということです。そこに自社が介入するということは、自社が販売先に対する与信リスクを引き受けることから、販売先が倒産したときには、自社が貸倒れを被ることになります。信用力に見合った取引条件であるか確認し、自社が介入しても問題ないか検討しましょう。

✎　仕入先の資金負担軽減のための介入依頼

　また、仕入先の資金負担を軽減するために、取引への介入を依頼してくることがあります。この場合は、販売先からの回収サイトよりも仕入先への支払サイトが短く、自社が運転資金を負担する形になるため、自社の資金繰りへの影響に注意しましょう。また、この取引では、仕入先が資金を早く回収しようとしているため、仕入先の資金繰りが厳しい可能性も考えられます。

　販売先についての分析だけでなく、仕入先の経営状態や資金繰り状況についても十分に調査を行うことが望ましいと言えます。

✎　循環取引（環状取引）

　介入取引の中には、取引のいずれかの時点で商品が元の持主に戻る循環（環状）取引や発注書や納品書等の書類のやり取りだけで実際には商品が伴わない架空取引である場合があります。財政状態が危険な企業が協力して行う手法であり、取引の間に入る健全な企業が知らない間に巻き込まれている危険な取引です。仕入先や販売先の個別の分析だけでなく、仕入先と販売先の関係性や扱う商品、商流に関する調査も行います。

　さらに、実際に取引が開始したら、注文書等の書類の確認だけでなく、実際に商品がきちんと受け渡されているかを確認しましょう。

【図表1】介入取引の例

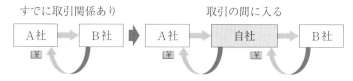

【図表2】循環取引の例

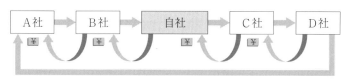

取引の種類にはどんなものがあるの？

A 　与信管理の対象となる取引の種類としては、①売買取引、②寄託取引、③委託加工取引、④前渡取引、⑤仕入取引が挙げられます。各取引形態と取引上で注意するポイントを把握しましょう。

解説

売買取引

品物や土地の所有権を取引先に移転したり、取引先にサービスを提供したりすることでその代金を受け取る取引をいいます。

与信金額	与信金額の一般的な計算方法
売掛金、受取手形（裏書譲渡手形を含む）、未収入金など、未回収の販売代金金額	継続取引の場合…月間販売数量×商品単価 ×回収サイト（月数） スポット取引の場合…販売数量×商品単価

寄託取引

取引先に自社在庫などの所有物を保管させる取引をいいます。たとえば、倉庫業者に自社の商品を保管してもらう取引などが挙げられます。

与信金額	取引上の注意すべきポイント
寄託物の帳簿価額	寄託先が倒産した際は、自社商品であっても寄託物が散逸する可能性があります。また、管理不足により在庫が膨張するリスクもあるため、注意が必要です。

✎　委託加工取引

取引先に原材料などを供給して加工をしてもらう取引をいいます。

与信金額	取引上の注意すべきポイント
供給した原材料の帳簿価額	委託先が倒産した際は、原材料が散逸する可能性があります。加工途中のものなどで汎用性の低い場合は、商品価値がなくなってしまうため、集中的に管理をしなければならない取引形態の1つになります。

✎　前渡取引

役務の提供代金、商品や原材料等の購入代金を前払いする取引をいいます。

与信金額	取引上の注意すべきポイント
前払いした金額全額	取引先が倒産した際は、前払金は回収不能となる危険性があります。

✎　仕入取引

商品の納入があった後、取引先へ代金を支払う取引をいいます。

前払いが発生しなければ一般的に与信リスクはありません。しかし、商品に瑕疵が生じた場合や仕入先が倒産し商品提供が受けられなくなるリスクも考えられるため、仕入先に対しても管理は必要となります（**Q69**参照）。

✎　注意を要する取引形態

取引の中には、リスクの高い危険なものが存在しています。中には資金をだまし取ったり、見せかけの業績を良くするために、悪意を持って自社に近づいてくるケースもあるので、リスクの高い介入取引や架空取引、循環取引（**Q50**参照）に巻き込まれないように注意しなければなりません。

Q52 取引先のコンプライアンスチェックをしたい。どのように調査・判断したらいい？

A 　コンプライアンスチェックは、インターネット検索や新聞・雑誌記事検索、業界団体等が提供するリスト調査、警察情報の取得によって行うことが一般的です。しかし、コンプライアンスチェックにおいて、危険な取引先であることを明確に特定できるケースは少ないため、複数の調査方法から得られた結果を踏まえて、自社の取引におけるリスクの度合いを判断する姿勢が重要になります。

解説

✎ コンプライアンスチェックの実施方法

(1) インターネット検索による調査

　自社調査による最も簡単なコンプライアンスチェックの手法として、インターネット検索が挙げられます。取引先の「商号」や「代表者名」、「役員名」、「株主」等の固有のキーワードに、「不祥事」や「脱税」、「逮捕」などのネガティブワードを組み合わせて検索します。

　一方、確認作業に多大な時間と手間がかかる点や、代表者や役員などの人名検索の場合には、同姓同名の他人がヒットしてしまう点に注意が必要です。

(2) 新聞・雑誌記事検索による調査

　新聞記事データベースサービス（News モンスター、日経テレコン、G-Search、など）を用いて、インターネット検索と同様に取引先の「商号」など固有のキーワードとネガティブワードを一緒に検索する方法です。

(3) 地方自治体や官公庁の行政処分情報

都道府県や市区町村、各省庁のホームページには、建設業者や廃棄物処理業者の許可取消し、運輸業者の使用停止、飲食業者の営業停止、工事業者の入札参加停止など、行政処分の情報が記載されています。情報の入手は用意ですが、取引先の所在地が全国に分散していたり、さまざまな業種と取引している場合には、多くのサイトをチェックしなければならず、時間と手間がかかる点が課題といえます。

(4) コンプライアンスチェックツールの活用

コンプライアンスチェックに対するニーズの高まりから、近年ではインターネット検索や新聞・雑誌検索の代行サービスなど、コンプライアンスチェック向けの専用サービスを提供する企業が増加しています。リスクモンスターの反社チェックヒートマップのように、独自に収集した行政処分情報や裁判情報をデータベース化し、視覚的に判断できるツールなども提供されており、コンプライアンスチェックを効率的に実施したい場合には有効な手段となります。

✎ コンプライアンスチェックの判断方法

(1) 反社の疑いが強い場合

調査の結果、取引先関係者に反社会的勢力の懸念が生じた場合は、警察や都道府県暴力追放運動推進センター（暴追センター）を活用して情報提供を受けることができます。反社社会的勢力であることが明らかとなった場合には、契約書に記載した暴力団排除条項に基づいて、契約解除を行います。

(2) コンプライアンス違反の疑いがある場合

与信管理において実施するコンプライアンスチェックでは、取引先が明らかな反社会的勢力でなければ良いというものでもありません。たびたび行政処分を受けている、複数の相手と係争状態にある、経営者が過去に犯罪に関与していた等の情報は、自社が安全に取引できない可能性を示しています。調査結果を踏まえて、その事象が自社の取引において、どの程度のリスクとなりうるのかを検討し、自社のリスクを最小限に留められるような体制づくりを行っていくことが重要です。

Q53 コンプライアンスチェックはなぜ必要なの？

A　コンプライアンス違反企業との取引は、貸倒れなどの損害が発生するリスクや、危険な取引に巻き込まれるリスクが高く、取引の発覚により自社の信用力が低下するリスクもあることから、事前のチェックが必要です。また、反社会的勢力と取引を行った場合、条例違反として処罰されたり、銀行との取引停止につながるリスクもあるため、注意が必要です。

解説

✎　コンプライアンスチェックの必要性

　コンプライアンスチェックというと、一般的に反社会的勢力との取引を防ぐこと（反社チェック）をイメージするかもしれませんが、与信管理上は、反社チェックだけでは不十分です。

　反社会的勢力でない場合でも、脱税や横領、架空取引、産地偽装などの法律違反に加え、情報漏えい、データ改ざん、ハラスメントなどの社会倫理違反を犯した企業との取引にもリスクが潜んでいます。

　法令違反や社会倫理違反を犯す企業では、内部統制が機能不全によって納品不備や支払遅延などのリスクが高くなるほか、コンプライアンス違反の発覚による業績悪化や資金繰り悪化により、貸倒れリスクも高まります。

　また、コンプライアンス違反企業との取引は、自社のイメージ低下などのレピュテーション（風評）リスクにもつながります。レピュテーションの低下により、取引先から契約解除や取引条件の見直しを求められたり、上場企業であれば株価下落を招いたりすることから、経営に与えるダメージは少な

くありません。

✎　反社会的勢力とは何か

　コンプライアンスチェックにおいて最も注意すべき対象が、反社会的勢力です。反社会的勢力とは、「暴力団」に限らず、「暴力団関係企業」、「総会屋」、「暴力団準構成員」、「共生者」、「密接交際者」、「元暴力団員」、「準暴力団」なども含みます。

　「反社会的勢力」の判断においては、上記の属性要件に着目するとともに、「暴力的な要求」や「法的な責任を超えた不当な要求」など、不当行為を行う人・団体を反社会的勢力と判断し、関係遮断を考える必要があるといえます。

✎　反社会的勢力との取引リスク

　反社会的勢力との取引には、以下のようなリスクが挙げられます。

・法令リスク：暴力団排除条例違反等により、勧告や公表、防止命令、罰則等の制裁を受ける可能性があります。

・契約違反リスク：契約書に暴力団排除条項を導入している企業から、契約違反として取引を解除される可能性があります。

・金融機関との取引停止リスク：金融機関からの支援が得られなくなり、資金繰りが行き詰まる可能性があります。

　そのほか、入札参加資格の喪失や、許認可事業における許可取消しなどもリスクとして考えられます。

Part4

与信管理の仕組みを作ろう

Q54 既存の取引先から取引増額の申出があった！ 何を検討すればいい？

A 「取引先から取引の増額要請があった！」ということは、一見喜ばしいことのようにみえるかもしれませんが、必ずしもそうとは限りません。

たとえば、取引先の業況が好調である場合や自社商品の競争力が優れている場合には、前向きな受注増加として捉えることが可能ですが、競合他社が取引先の不安情報を入手して取引を撤退している場合や取引先が苦しい資金繰りを乗り切るために不当廉売（ダンピング）している場合などは、危険なサインですので、容易に増額要請に応じてはいけません。

解説

✎ 取引増加理由の確認

取引先から取引増額の申出があったら、必ず「なぜ増額が必要なのか？」を確認しましょう。

取引増額の可否判断においては、取引を増やす理由の把握が重要になりますが、取引先が素直に窮地にあることを教えてくれることばかりではないので、確認の際には、相手方の申告を鵜呑みにしない姿勢が必要です。

取引先の申告内容を客観的に判断するためには、取引先の業績状況のほか、業界や商品の動向、景気状況、周辺環境なども複合的に鑑みて、取引を増加させることが危険な行為ではないかを十分に検討することが重要です。

✎ 与信限度額の超過に注意！

取引増加の理由に妥当性が認められたとしても、それだけで取引の増額に応じてはいけません。自社が当該取引先に対して許容できるリスクの量を常に意識ながら、増額可否を判断する姿勢が必要です。

与信限度額は、自社にとって「安全な取引額」と「必要な取引額」の両方を満たす範囲で設定されることが大切です。取引が増加する、という「必要な取引額」だけに目を奪われることなく、取引先の信用力、取引先における自社との取引シェア、万が一貸倒れが発生した際の自社財務体力への影響度など、「安全な取引額」に収まっているか、という観点も含めて、新規取引の開始時と同様に見直すことが重要です。また、取引の増額に伴って与信限度額を増額する必要がある場合においては、与信限度額増額の決裁が得られるまで、取引を行ってはならないということも忘れてはなりません。

✎ 取引増加によって与信限度額を超過してしまう場合の対処

取引増加の理由が妥当であるものの、現状の取引条件のままでは与信限度額が超過する場合には、①回収サイトの短縮、②与信限度額の増額の2つの観点での検討を行います。

業界平均や自社の一般的な回収サイトよりも回収条件が長期である場合や、信用力が低い先においては、回収サイトを短縮することで設定済の与信限度額内に収めることができ、リスクの増大回避が図れます。

一方、取引先が大手企業や自社にとって重要な取引先であって、回収サイトの短縮交渉が難しい場合には、与信限度額を増額させる必要があります。与信限度額の増額は、自社リスクの増大につながるため、増額申請における決裁者は、上位の決裁権限を有する役職者（社長や副社長などの経営層）であることが望ましいです。

Q55 与信限度額を超えてしまいそう！どんな検討をすればいい？

> **A**　与信管理ルールを運用していくうえで、与信限度額を遵守することは非常に重要です。与信限度額を超過しそうな状態にあることが判明した場合、対応方法を検討するために、まずはその原因を把握する必要があります。

解説

✎　与信限度額超過の原因

与信限度額が超過する要因としては、以下の状態が挙げられます。

・取引先の業況好調により、販売量が増加した場合
・自社の商品やサービスの競争力向上により取引額が増額した場合
・取引条件の変更により回収サイトが長期化する場合
・取引先の信用力低下により、自社の取引限度額を減額する場合
・取引先の支払遅延により、債権の回収が滞っている場合

取引先との取引状態によって、それぞれの対応方法が異なってきますので、与信限度額の超過理由をきちんと把握することが重要です。

✎　対応方法

与信限度額が超過しそうな場合に、検討できる方法として、大きく2つの方法が考えられます。

①　与信限度額を増額して、増加する債権を与信限度額内に収める。
②　与信限度額を変更せず、債権を圧縮させることで、債権を与信限度額内に収める。

　①の方法は、取引先の販売状況が好調であったり、自社商品・サービスの競争力が向上しているなど、取引状況が好転していることが検討時の前提となります。

　一方で、支払延期要請を受けたり、すでに支払遅延状態にあるなど、取引先の信用状態に懸念がある場合には、債権リスクの拡大を抑制するために②の方法で検討する必要があります。②の方法で検討する場合には、取引先と今後の取引方針について交渉し、取引額の縮小や回収サイトの短期化などにより、保有債権が与信限度額内に収まるように調整を試みます。もしも、債権の圧縮が間に合わず、一時的に与信限度額を超過してしまう場合には、債権の圧縮が完了するまでの間の時限措置として、臨時限度額を設定する必要があります。

✎　超過してしまった場合

　万が一保有債権が与信限度額を超過している状態にあることが判明した場合には、速やかに上述の対応方法を検討すると共に、対応方法が決定するまでの暫定措置として臨時限度額を設定しなければなりません。またそのうえで、与信限度額超過状態に陥ることを事前に検知できなかった原因を探り、再発防止に努める必要があります。

　もしも、限度超過状態にあることのリスクがきわめて高いと判断される場合には、一時的に取引信用保険やファクタリングサービスにより保全を図ることも検討すべきです。

✎　その他の与信限度額違反

　与信限度額に関する違反は、限度額の超過だけではありません。このほかに、「与信限度額が未設定となっている」、「与信限度額の期限が切れている」といった事象も与信限度違反の状態にあると言えますので、「与信限度額の設定が済んでいるか」、「設定した与信限度額内で取引できているか」、「与信限度額を更新する時期はいつか」という観点で、与信限度違反の状態に陥らないように管理体制を構築することが重要です。

与信限度額を管理するには、何をしたらいいの？

> **A** 管理部門において、与信限度額の設定状況や債権回収状況を常に把握しながら、与信限度額の運用や債権の回収状況に異常がないかをチェックし、異常発生時には、速やかに営業部門へ注意喚起できるようにしておく必要があります。

解説

✎ 異常を検知するために

与信管理に必要な情報をより早くタイムリーに把握できるよう、債権管理システムを導入したり、Excel などの表計算ソフトを活用して売掛債権回収残高や売掛債権残高推移など、与信管理に必要な情報を管理しましょう。

与信管理において管理すべき情報には、以下が挙げられます。

① 営業部門ごとの売掛債権の発生・回収および月末残高

② 取引先ごとの月別売掛債権残高推移

③ 取引先ごとの与信限度額、限度期限、使用枠

✎ 与信限度額超過時の対応（Q55参照）

以下の対策を検討しましょう。

(1) **与信限度額の増額申請**

決裁者が増額を妥当と判断した場合に限ります。

(2) **債権額の圧縮**

営業担当者は債権圧縮計画を立案し、決裁者の承認を得ます。

また、与信限度額未設定や与信限度期限切れも与信限度違反の状態と言え

ますので、判明した場合には早急に限度額を設定し直さなければなりません。

✎　債権管理帳票

(1)　売掛債権回収残高一覧表

当月における売掛債権の発生・回収と月末の残高一覧を営業部門ごとに作成します。

食品流通部門　20XX/●　　　　　　　　　　　　　　　　　　　　（単位：百万円）

コード	取引部門	格付	前月末残高			当月発生	当月回収	当月末残高			売込限度額	
			売掛	受手	残高			売掛	受手	残高	金額	期限
10000	ＡＢＣ商会	C	8	30	38	8	10	8	28	36	50	20XX/01
20000	ＤＥＦ工業	D	2	0	2	2	0	4	0	4	—	—
30000	ＧＨＩ産業	A	2	0	2	1	0	0.3	0	3	—	—

(2)　売掛債権残高推移表

営業部門は取引先ごとに売掛債権の残高の推移がわかるようにします。同一の取引先と複数の営業部門が取引をしていることが多い場合は営業部門ごとに集計できるようなシステムを構築しましょう。

コード10000　ＡＢＣ商会　格付C　与信限度　50　　　　　　　（単位：百万円）

年月	前月末残高	当月発生	当月回収	当月末残高			売込限度額	使用率
				売掛	受手	残高		
20XX/01	29	15	10	15	19	34	—	OVER
20XX/02	34	12	9	12	25	37	50	
20XX/03	37	6	8	6	29	35	50	50

(3)　与信限度額管理表

管理部門は、取引先の格付や決算月、与信限度額とその期限などを管理します。与信限度額管理表を確認することで、全体の与信限度額の設定状況が把握することができ、与信限度額の設定期限が切れる前に営業部へ更新手続を促すなどの対応ができるようになります。

コード	取引先名	格付	決算日	取引部署	限度種類	与信限度額	限度額期限	決算日
10000	ＡＢＣ商会	C	9	食品流通部	売込	50	20XX/01	20XX/01/05
10001	ＢＣＤ工業 ＥＦＧ産業	D	2	木材事業部	売込	300	20XX/11	20XX/05/13
10002	ＨＩＪ商事	C	12	木材事業部	売込	15	20XX/04	20XX/04/19
10003	ＨＩＪ商事	B	3	食品流通部	売込	10	20XX/08	20XX/08/31

Q57 与信限度額は一度設定したら変えられないの？

A 　企業は「生きもの」と言われるように、企業の信用力は常に変化しています。

　そのため、一度設定した与信限度額を利用し続けるのではなく、定期的に見直しする必要があります。取引開始時だけではなく、取引先ごとに与信限度額の期限を設定し、年に１～２回は定期的に取引先の評価を行うべきです。

　また、重大な信用不安情報を入手した場合には、速やかに再評価を行う必要があります。与信限度額の見直しを行う際には、取引先の信用力だけでなく取引条件や担保評価の変化なども確認するようにしましょう。

解説

✎　与信限度額見直しの時期

　与信限度額の見直しは、取引先の信用評価見直しのタイミングと合わせることが合理的です。企業の決算情報が開示されるタイミング（決算期から４～６カ月後）が最も情報の鮮度も高く、評価時期として適しています。

　しかし、与信限度額は、年に１回見直せば十分ということではなく、リスクの高い先など、集中的に管理が必要である企業は管理レベルを上げ、年に２回見直しを行うことが望ましいと言えます。

　そのほか、「信用不安情報の入手」や「取引の増加」などにより、与信限度額を変更する必要が生じた場合には、与信限度期限とは関係なく、与信限度額を見直す必要があるため、注意が必要です。

✎　見直し事項

　与信限度額の見直しの際には、単なる取引額の見直しとして捉えるのではなく、取引先との取引について「一から検討し直す場」と捉えて、取引先の信用評価や商流分析、契約内容の確認、担保物の確認・再評価など、取引開始時と同等の内容について、見直すべきです。

　これらの項目全体に対して見直しを図ることで、漏れていた契約条項や担保評価の変化などに気付くきっかけとなりますので、与信限度額見直しは、与信管理レベルを高める貴重な作業として、積極的に取り組む必要があります。

✎　与信限度額の見直しフロー

(1)　見直しリストの作成

　管理部門は、取引先の格付および与信限度額、限度期限の「取引先限度見直し一覧表」を作成し、与信限度額の期限が到来する前（最低でも2カ月以上前）に営業部門へ連絡します。営業部門は、与信限度額見直し対象先について、これまでの取引実態を基に「必要な与信限度額」を算出します。取引が減少している場合は、与信限度額の減額を検討する必要があります。

(2)　与信限度申請

　所定の与信限度申請書に必要事項を記載して申請します。複数部署または複数案件において同一取引先に与信を必要とする場合は、各部署で発生する与信限度額を合算して管理する必要があるため、与信限度額の最も多い部門などを主管部門として定め、主管部門が与信限度申請を行います。

(3)　申請内容の審議・決裁

　審議者は、与信限度申請に対して、取引先の財政状態、取引内容の安全性、契約状況、担保評価を基に独立した立場から審議を行います。

　決裁者は、審議者の意見を検討し、申請を妥当と認めた場合に決裁します。過大与信と判断される場合には、担保の取得など条件付で決裁します。

Q58 与信管理って何？
具体的には何をしたらいいの？

A 　与信管理とは、取引先との取引リスクを管理することです。取引は、「後で相手が代金を支払ってくれる」という信用で成り立つことがほとんどです。

　そのため、代金の回収リスクをコントロールすることがきわめて重要であり、取引開始前から代金回収完了まで、継続的に管理していく必要があります。

解説

✎ 与信とは

　与信という言葉で最もイメージしやすいのは、銀行が企業に融資する際の融資枠でしょう。銀行は、融資を行う際に企業の業績や財務体力、担保余力などを総合的に判断して、「いくらまでならば、借りたお金を返済できるのか」を計ります。この時の「この取引先はきちんと返済してくれるだろう」と相手を信用することを与信といい、「返済する力」つまり「融資に対する返済可能見込み額」のことを与信金額といいます。

　企業間の取引における与信も、根本的な考え方は同じです。企業同士での取引では、継続的かつ頻繁に行われることが多いため、取引を行う都度支払うのではなく、一定期間分をまとめて決済する方法が取られていることが一般的です。この場合、代金の回収が商品納入から一定期間後になり、実質的に相手にお金を貸しているのと同様の状態になるため「商品の納入から代金の回収までの間の未回収金額」が企業間取引のおける与信金額となります。

✎ 与信管理の具体的な流れ

(1) 与信承認プロセス

商談開始にあたり、取引先としての妥当性を判断するために、取引先や外部からできるだけ情報を収集すると共に、一度は必ず取引先を訪問すべきです。収集した情報を基に、定量面と定性面から分析を行い、取引先の信用力を分析します。また、取引先の分析だけでなく、取引自体の分析も行わなければなりません。取引先や取引自体の分析結果を基に、どのくらいの取引を行うべきか（与信限度額）を決定します。社内の決裁が得られたら、取引先と契約条件を交渉し、契約締結によって取引が開始されます。

(2) 与信事後管理プロセス

「取引が開始されたら与信管理は終わり」ということではありません。むしろ「代金回収が最終目的」であることを考えれば、取引開始は与信管理のスタートといえます。常に「取引リスクは変化する可能性がある」ことを念頭に置き、「代金の入金が遅滞なく行われているか」、「与信限度額を超過していないか」など、継続的に管理し、必要に応じて与信状況の見直しを行う必要があります。また、万が一相手が支払不能状態に陥っても回収できるように、動向が不安な取引先に対しては、事前に担保を取得しておくなどの保全措置を講じておくことも重要です。

【図表】与信管理プロセス

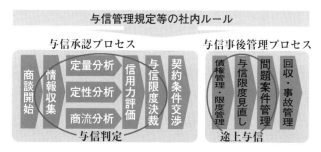

Q59 取引先の評価をどのように取引に反映すればいいかわからない！

A 取引先に対して行った信用評価は、社内格付などによって何段階かで表されます。

信用評価の結果ですから、当然取引の可否判断に用いられることとなりますが、ただ単に取引を「する、しない」という判断に使用されるだけに留まらず、信用力に見合った取引をするために、「どんな条件で取引すべきなのか」、「取引の可否を誰が判断するのか」、「社内に発生する債権リスクをどの程度見込めばいいのか」という材料としても使われるべきです。

解説

✎ 取引の可否判断

取引先に対する信用評価は、主に取引可否判断を目的に行います。信用評価の結果、「取引先の信用力」と「取引において発生する債権リスク」を鑑みて、決裁者が「自社が受容できる債権リスクを超えている」と判断した場合には、取引申請に対して否決となったり、取引条件見直しが指示されます。

✎ 条件

信用評価の結果は、取引の可否判断だけに使われるわけではありません。信用力が十分に見込めない場合でも、自社にとって取引する価値があるのであれば、取引条件や担保設定の交渉次第で取引実施の可能性は十分に考えられます。信用評価が「○、×」のみでなく、「何段階か」で表されるのは、リスクの度合いを評価に表すことで、それに見合った取引条件の設定に活か

すためでもあります。

　たとえば、社内格付を用いている会社において、「D 格以上ならば60日超の回収サイトでもよいが、E 格以下の場合には、60日以内に収めなければならない」というように、社内格付を基にした基準を設けることで、社内のリスク管理の方針を明確に共有することができるようになります（**Q56**参照）。

✎　決裁ルート

　信用評価の結果は、取引条件の基準だけでなく、決裁フローの要素としても用いることができます。例えば、信用力の高い企業と少額の取引を行う際の取引申請については、社長など上位の権限保有者が承認する必要はなく、格付や取引金額を基準として役員や部長などに決裁権限を委譲した決裁ルートを定めることで、与信管理業務が省力化され、社内の業務フローを円滑にすることにつながります。

✎　貸倒引当金算出

　格付を信用評価指標として用いる際に、格付の基準を想定倒産確率など客観的な数値に準拠することで、社内の債権リスクの保有量を算出することが可能になります。

　たとえば、以下のような債権状態において、想定倒産確率を用いて債権リスクを算出（貸倒実績率法）すれば、この企業は、80億円の保有債権に対して、貸倒リスク（貸倒引当金）は 1 億4,200万円であることがわかります。

　貸倒引当金の算出には、「貸倒実績率法」のほか「キャッシュ・フロー見積法」、「財務内容評価法」も使用されます。

格　付	社　数	債 権 額	倒産実績率	貸倒引当金
A	250社	2,000百万円	0.1%	2 百万円
B	350社	4,000百万円	1.0%	40百万円
C	400社	2,000百万円	5.0%	100百万円
計	1,000社	8,000百万円	―	142百万円

Q60 取引先が多過ぎる！効率的に管理するにはどうしたらいい？

A 多くの取引先を効率的に管理するには、リスクが高い案件に対して効果的に経営資源を配分できるように濃淡管理することが重要です。取引先の信用力や債権残高を基準として濃淡管理をすることによって、取引先ごとのリスク度合いを明確にして、重要度の高い取引先の管理にコストと時間を振り分けられるようになります。

解説

✎ 与信リスクを計量化する

取引先の信用力と債権残高を用いて、取引先の管理方針を定めることができます。

与信管理の観点で、最も重点的に管理しなければならない取引先は「債権残高が多く、信用力が低い先」です。そのため、まずはすべての取引先に信用格付などの評価指標を付与し（**Q56**参照）、取引先ごとの債権残高と信用指標を一覧化します。

すべての取引先の信用格付と債権残高が把握できれば、それぞれのポジションを確認することで、どの取引先との取引を拡大・縮小すべきか、どこを重点管理していけばよいのかが明確となり、業務の効率化につながります。

信用力	債権残高	管理手法
低い	多い	貸倒れ発生の可能性が高く、債権額も大きいため、自社にとって最もリスクが高い取引先と認識して、集中的なコスト投下によって管理すべき。

高い	多い	貸倒れ発生の可能性は低いものの、債権額が大きく、万一の場合には、自社に多大なる損害が生じうるため、十分な管理コストを振り分ける。
低い	少ない	債権額は小さいが、貸倒れ発生の可能性は高いため、管理部門にて緻密に管理する。
高い	少ない	貸倒れ発生の可能性は低く、債権額も少ないため、営業部門にて管理し、管理コストを抑制する。

✎ 効率的な与信管理ルールの策定

　また、取引先の信用力と債権残高を用いて与信管理の決裁ルールを作成することで、取引リスクの大きさに見合った効率的な決裁ルールを策定することができます。

決裁権限表サンプル

社内格付	定義	金額／区分	決済ルート			
			申請	審議者①	審議者②	決裁
A	支払能力高い	5000万円以上	営業課長	管理部長	営業担当役員	社長
		2500万円以上5000万円未満	担当者	管理部長	営業部長	営業担当役員
		100万円以上2500万円未満	担当者	管理部長		営業部長
		100万未満	担当者			営業部長
B	支払能力中程度	1000万円以上	営業課長	管理部長	営業担当役員	社長
		500万円以上1000万円未満	担当者	管理部長	営業部長	営業担当役員
		500万円未満	担当者	管理部長		営業部長
C	支払能力に懸念がある先	500万円以上	営業課長	管理部長	営業担当役員	社長
		50万円以上500万円未満	担当者	管理部長	営業部長	営業担当役員
		50万円未満	担当者	管理部長		営業部長

　信用格付ごとに、自社が受容できる上限債権額を定めることで、リスクが小さい取引、許容金額内の取引、許容金額を超過する取引など、リスクの多寡に応じた決裁フローを構築することができます。

　リスクが大きい取引には上位権限者の決裁を必要とし、リスクが小さい取引では、決裁権限を下位権限者に委譲することで、意思決定の効率化を図ることができます。

取引先情報の管理が煩雑だ！どうすればいい？

A 　企業において、取引先に関する情報は重要であり、多くの情報を社内で管理し続けなければなりません。現在では、紙媒体での情報管理から社内データベースでの情報管理に移行している企業が多くなっていますが、社内の各部署が保有する情報を一元管理したり、取引先情報を最新状態に保てている企業は決して多くありません。自社の取引先情報を効率的に管理し、経営資源として活用していくためには、デジタルトランスフォーメーション（以下、DX）への取組みが有効といえます。

解説

✎ デジタル化推奨の背景

　近年、経済産業省は DX を推進しており、2021年9月には、デジタル庁が創設されました。DX とは、「データとデジタル技術を活用し、サービスやビジネスモデルを変革するとともに、組織や業務そのものを変革すること」と定義されています。

✎ これまでのデジタル化と今後のデジタル化

　もともと企業で取り扱われる情報の多くは紙媒体で管理されており、与信管理業務においても例外ではありませんでした。平成初期に PC ソフトの目覚ましい発達により、企業における PC 活用が普及したことで、それまで紙媒体で管理されていた取引先情報は、Word や Excel などを用いて記録さるようになりました。その後、PC やシステムの発達に伴い、今では多くの企

業が、自社のデータサーバに情報を格納し、管理しています。

　現状で既に取引先情報のデジタル化は済んでいるように思われがちですが、以下の観点から考えると、まだまだ自社情報のデジタル化を進める余地が残されている企業はまだまだ多いのではないでしょうか。

　・自社内の取引先情報は、常に最新の情報が保持されているか
　・自社内の取引先情報は、社内のすべての部署において相互に共有できる状態になっているか
　・社内の情報を社外の情報と結びつけることで、社内業務の効率化や情報活用の活性化が生まれないか
　・更なる社内データの活用を図ろうとした際に、現在のデータ保有形式で柔軟な活用が可能か

　企業情報に関しては、今後デジタル化によって情報の開示が広まっていく可能性が高く、企業においては社内に保管された情報だけでなく、外部に開示されている情報も経営に積極活用していくことが求められるでしょう。

✎　情報の連携

　DX 化の推進においては、自社保有情報の社内共有と外部情報との連携という 2 点がポイントとなり、これらを結び付ける重要な要素として、国税庁が公開している「法人番号情報」が挙げられます。

　従来、企業においては、大手調査会社が発行するコードや自社独自で採番するコードを用いて取引先を管理していましたが、それらのコードは他の情報との紐付けという観点では、拡張性が低い点が課題と言えました。今後は「法人番号」を用いることで、日本国内の企業において、統一された企業管理が可能となり、法人番号で管理される企業基礎情報、商業登記情報、許認可情報、税務情報などの社内への取込みも容易になります。

　また、社内情報の取引先情報を最新の状態に保持しておくためには、企業情報提供会社からすべての企業の情報を購入するよりも、API 連携等を用いて、必要な情報を、必要な時に、必要な分だけ入手できるようにすることで、情報の鮮度、情報入手コストの両面でメリットが生まれることになり、社内 DX の推進にもつながります。

Q62 与信審査基準が属人化している！ ノウハウを継承したい！ どうしたらいい？

A　現在の与信管理における課題の1つに、ベテラン審査担当者による審査判断の属人化やそのノウハウの継承が挙げられます。これらの解決には、客観的な評価基準の構築や、自社内でのノウハウの蓄積が必要となるため、**Q63**で詳述したアウトソーシングサービスの導入や、自社内でのスコアリングロジックの構築が有効となります。また、近年ではAI（人工知能）技術の進歩によって、これらの課題の解決策としてAI技術の活用も有効と考えられています。

解説

✎　与信管理における人的課題

　これまで、与信管理の現場においては、企業という生き物の信用力を判断する業務の特性上、分析や判断を与信管理担当者の知識や経験に依存してきました。

　これまで与信管理業界を支えてきたベテラン審査担当者の多くが退職期を迎える中で、ベテラン審査担当者の知識や経験に依存してきた企業においては、社内で審査基準が明確に定められていないことが多く、若手の育成においてもベテラン審査担当者が持っている知識や経験を口伝で伝える必要があるため、自社内での審査ノウハウの蓄積や世代交代の観点で、懸念が生じています。

　特に、若手審査担当者の育成においては、一人前の審査担当者と呼ばれる

には、一般的に 5 年かかると言われており、「若手の育成に時間を要する点」
と「ベテラン審査担当者が引退する点」が相まって、与信管理技能の継承が
大きな課題となっています。

✎ AI 活用による属人化からの脱却

　上述の与信管理における人的課題に対する打開策としてスコアリングロ
ジックの構築や、与信審査への AI 活用が挙げられます。

　スコアリングロジックの構築においては、これまでベテラン審査担当者が
重視してきた審査ポイントをロジックに組み込むことで、自社内へのノウハ
ウの蓄積につながるほか、審査の基準が明確化され、与信判断基準の統一化
につながります。

　また、スコアリングによる審査手法から更に進展させる手法として、ベテ
ラン審査担当者が審査・判断したデータを AI に学習させ、AI に与信判断
を行わせる方法が考えられます。過去の豊富な審査データを AI に学習させ
ることで、ベテラン審査担当者のノウハウを与信審査に反映させ、スコアリ
ングによる画一的な評価から、案件ごとの条件や状態に応じた柔軟な評価を
算定することが可能となります。

　AI を活用した審査事例としては、リスクモンスターでは、企業の情報収
集や分析に対して AI を活用して作成する企業調査レポート「リスモン AI
与信管理 PDF」を提供しています。また、コンビニエンスストアの出店計
画において、過去の出店審査データを AI に学習させることで、新規出店判
断を AI に行わせていたり、信販会社において、利用実績に基づく利用限度
額の引下げ判断を AI で実施したりしています。

　今後、AI の活用は一層進んでいくことが予想されますが、AI は蓄積デー
タに基づいて判定を行うため、突発的な社会情勢の変容への対応という点で
は不安が残ります。その点において、今後も審査担当者による判断・予測は
重要な役割を担うといえます。

Q63 与信管理部門の予算が取れず、業務を効率化したい！　どうしたらいい？

> **A**　与信管理において発生するコストは、管理コストであり、売上に直結しないことが多いため、多くの企業において与信管理の予算確保は後回しになりがちです。そのため、与信管理においては、限られた労力・コストで最大限の成果を生み出すための工夫が求められます。
> 　与信管理業務の効率化を図るうえで有効な手段として、専門業者へのアウトソーシングが挙げられ、そのほかにもクラウドサービスの活用なども有効なアウトソーシングとして挙げられます。

解説

✎　主要な与信管理アウトソーシングサービス

　アウトソーシングの検討においては、限られた人員や予算の中で、最も高い効果が得られる業務から実施することが重要です。

　与信管理業務においては、取引先の「情報収集」や「取引先の分析・評価」が最も労力がかかる業務といえます。現在、与信管理に関わるサービスとして、調査会社による「企業調査サービス」や、審査・分析会社による「信用評価サービス」の活用が進んでいる背景には、それらの業務を自社内で行うよりも、外部の専門業者にアウトソーシングする方が効率的である、という判断がされているからです。

　一方で、取引先すべての情報を調査会社から購入することは、データ購入コストがかさむため、自社の与信管理体制においてはどのような業務をアウ

トソーシングするのが有効であるか、費用対効果を含めて検討することが必要です。

✎　活用を検討すべきアウトソーシングサービス

⑴　コンプライアンスチェックサービス

　近年、社会的なコンプライアンス意識の向上に伴い、取引先に対して反社会的勢力への該当の有無等を確認するコンプライアンスチェック業務の必要性が高まっています。コンプライアンスチェックの対象先は、企業や代表者、役員等など調査対象が幅広く、取引先全社を確認するには膨大な労力とコストが必要です。そのため、当該作業を外部へ委託することで、効率よくコンプライアンスチェックの実施が可能となります。

　コンプライアンスチェックの確認事項に関しては、**Q63**にて詳述します。

⑵　クラウドサービス

　クラウドサービスは、インターネット上でファイルを共有でき、データを持ち出しする必要がなく、ファイルの一元管理が可能となります。自社でシステムの構築やサーバーの設置を行う必要がないため、手間やコストの観点で導入のハードルが低い点が特徴です。

　クラウドサービスの活用によって、社内外、部門を問わずに自社が保有する情報を共有可能になる点で自社のDX化につながり、さらに外部情報とのAPI連携も組み合わせれば、情報コストの低減等の効果も期待できます。

Q64 与信管理を行うには、どんな費用が必要なの？

> **A** 　与信管理にかかる費用の種類としては、人件費・情報取得費・システム管理費・与信管理教育費などが挙げられます。与信管理は、できるだけ厳格に運用すべきですが、与信リスク以上の費用をかけて管理を行うことは、本末転倒ですので、与信管理の費用を検討する際には、自社の与信リスクの大きさを把握して臨むことが重要です。

解説

✎ 人件費

　自社の取引社数や取引先の信用力、与信管理ルールによって変動します。厳格に与信管理を行うのであれば、与信管理専任の従業員が必要です。与信管理担当者は、日々の取引申請に対して、企業を分析し与信判断を行い、取引先に対する与信状況の管理を行います。契約や債権保全などのアドバイスを行える専門的な知識を持った人材であればなおよいでしょう。

　取引先の管理においては、管理の目を行き届かせられる目安として、１人当たり200 ～ 300社程度の管理数となるように人員配置を行うことが望ましいと考えられます。与信管理に十分な人員を配置できない場合には、アウトソーシングや取引信用保険、ファクタリングなど外部サービスの活用も有効です。

　また、与信管理担当者に対する人件費以外に、担保設定を行う際の相談費用や登記手続にかかる弁護士や司法書士への報酬が発生します。

✎ 情報料

　取引先の情報について、自社独自ですべての情報を収集しようとすれば、人件費や交通費など多大なコストがかかります。従来は、調査の専門家である信用調査会社に依頼して信用調書や企業概要データを取得することが一般的でしたが、現在は法人番号（法人マイナンバー）情報を中心に企業情報の公開が進んでいることで、信用調査会社以外の情報提供会社からも安価に企業情報を入手できるようになってきています。

　新規取引時だけでなく、継続取引先に対しても定期的に信用状態の把握を行うことが望ましく、取引先ごとに情報の収集レベルを分けて、効率的な情報の取得に努めましょう。情報料金は、情報提供会社にもよりますが、一般的な料金の目安は以下のとおりです。

　　・企業概要データ：約1,500円／社　　・信用調書取得：約30,000円／社

✎ システム開発費

「日々の債権残高」や「与信限度額の超過」等を把握するために、以下の方法などを用いて取引先全体を一括で管理する必要があります。

　　・表計算ソフトを活用する：便利ですが大量の取引先管理には不向きです。
　　　無料のものもありますが、基本的にはソフト購入代金が発生します。
　　・独自システムを構築する：開発コストがかかりますが、事業形態に合ったシステムを構築できます。近年は、クラウドやAPI連携など、自社でデータベースを持たずにシステム構築する方法が普及しています。

✎ 与信管理教育費

　集合研修、eラーニング、テキスト配布などで教育を行うことが一般的です。与信管理担当者が研修を行うケースもありますが、外部の講師に依頼することで、より効果的な教育を実施することができます。また、集合研修が難しい場合は、オンラインで学習できるサービスの活用も有効です。与信管理教育は、営業部門を中心に、可能な限りすべての社員に行うべきです。

Q65 与信管理の意識は、どうしたら会社に根付くの？

A 「今日から与信管理を強化する！」と言っても、現場の営業担当者などには、何をすればよいのか伝わりません。社内で与信管理研修などを実施することも有効ですが、確実に与信管理意識を根付かせるには、まずは与信管理ルールを明確にし、「誰が」、「何を」、「いつ」、「どのように」といった項目を担当者単位で明確に理解できるようにすることが最も重要です。

与信管理マインドは一朝一夕で育つものではありません。日々の業務を着実に実行していくことが、与信管理マインドを定着させる一番の近道です。

解説

✎ 求められる与信管理マインド

与信管理は、ごく一部の人間が行えば足りるというものではありません。

管理部門には管理部門の役割があり、営業部門には営業部門の役割があるため、「誰かに任せる」のではなく、「自らが取引先の管理を行う」という意識を高く持って取り組むことが大切です。

✎ 営業担当者に必要な与信管理マインド

営業部門に与信管理の意識を持つことの重要性を理解してもらうことが、全社的な与信管理マインドの向上につながります。

商品を販売したとしても代金が回収できなければ、利益が実現しないだけでなく、会社の資金繰り悪化の要因にもなりえます。そのため、営業部門は

売上の創出ばかりに目を向けるだけではなく、取引先の異常を素早く察知し、貸倒リスクを防ぐという重要な役割を担っていることを認識しなければなりません。特に営業担当者は、自社において取引先と最も近い関係にあり、取引先自体やその周辺から発生する鮮度の高い情報を得ることができます。

　与信管理において、異常の検知は早ければ早いほど貸倒リスクを軽減につながるため、営業担当者が与信管理を理解し、「回収あっての営業」であるというマインドを持つことは非常に重要です。

✎ 各部門に必要な能力

　与信管理において必要な能力は多岐にわたることから、営業部門や管理部門ごとに、もしくは新人・中堅・管理職といったレベルごとにセグメント化し、必要な与信管理能力を規定書などに明記しておくことが望ましいです。

【図表】部門ごとに必要な能力の一例

	営業部門	管理部門
新　　人	・与信管理マインドを持つ ・現場で情報収集ができる ・社内での情報収集ができる ・意思決定フローがわかる	・財務指標の適正水準と危険水準がわかる ・信用不安情報について理解できる ・業界知識を収集できる ・商業登記簿について理解できる
中堅社員 管 理 職	・取引先の信用力を分析できる ・決算書が読める ・契約書の内容を理解できる ・リスクヘッジ方法がわかる ・緊急時に対応できる	・税務申告書を読める ・調書を読み問題点を抽出できる ・業種ごとに現れる決算書の特徴を理解している ・債権保全の手法を理解している

Q66 新規の取引先を探したい！どうしたらいい？

A 　新規開拓営業といえば、一昔前まで「街中の事務所に片っ端から飛び込み営業」というのが主流でしたが、飛び込みを行って取引を獲得した結果、「その取引先の信用力が低く、すぐに倒産してしまった」などということも少なくありませんでした。
　現在は、企業情報のデータベース化が進み、マーケティングリストの入手などが容易になってきているため、事前に取引したい企業を見つけてから営業活動を行うというスタイルが主流になりつつあります。

解説

✎　企業情報データベースの活用

　日本には現在、500万社超の法人が存在しており、個人事業者を含めるとそれ以上の企業が存在しています。これらの中にはさまざまな業種・業態の企業があり、活動していない企業も含まれています。一昔前までは、自社の取引先となりうる企業がどれほど存在しているのか、なかなか把握できない状態にありましたが、昨今では、国税庁の法人番号情報のように企業情報データベースの公開が進み、大手の信用調査会社以外からも営業活動用のマーケティングデータとして企業情報を入手しやすい環境になってきています。

✎　取引したい企業を狙い撃ち

　従来に比べて、企業情報リストを入手しやすくなったとはいえ、電話帳に

掲載されているレベルの企業情報だけでは、業種や地域の絞込みはできても、その企業の信用度まではわかりません。新規取引開拓に努めて、ようやく取引につながる企業を見つけても、その企業が倒産間近な状態だとしたら、営業努力が水の泡になってしまいます。

　そこで有効なのが、信用力が判断できる情報が記載された新規開拓リストの利用です。すでにリスクモンスターを始めとする格付提供会社や一部の信用調査会社では、そのような商品を扱っています。企業の商号、業種、住所などが記載された新規開拓リストに「信用格付」がつくことで、信用力が高い企業にターゲットを絞った営業活動を行うことができるのです。また、ターゲットの選定においては、売上規模や資本規模などで絞り込みを行うことも可能です。

　信用評価付の企業情報リストを使って営業活動を行うことは、与信管理業務の延長上に営業活動が入ってきたことを意味します。これからの営業活動においては、商談を行う前から与信管理を活用し、自社が取引したい先だけを狙い撃ちすることで、安全で効率の良い営業活動を行っていくことが、他社に差をつける有効な手段の1つとなりうるのです。

✎　企業コードを活用した顧客管理

　企業コードは、企業を識別するための識別番号のことです。営業活動に企業情報リストを用いることで、新規開拓の段階から企業コードの活用が可能になります。従来、国内で主に使用されてきたコードとして、大手調査会社が発行するコードが挙げられますが、現在では、国税庁が国内の統一コードとして「1法人に対し1番号」を指定した法人番号の使用が最も有効といえます。リスクモンスターが提供するRMコードも法人番号に基づいたコード体系となっています。営業活動で使用する企業情報リストの段階から企業コードを統一することで顧客管理の省力化の他、社内の取引履歴情報を紐づける等、与信管理以外にも自社情報との連携が容易となり、社内のDX化につながります。与信管理のDXについては、**Q61**にて詳述します。

Q67 M&Aを検討することになった！与信管理の考え方を活かせることはある？

> **A** 従来、M&Aの業務は、経営企画や法務、財務の各部門がそれぞれ担当部署としての役割を担ってきましたが、自社業務を理解し、会計面・法律面の分析に通じた与信管理部門は、M&A推進役としてまさに適任と言えるのです。与信管理部門としては、M&A案件の内容にかかわらず、状況に応じて与信管理で培った知識やスキルを活かして、自社のリスクや資金負担を軽減させる方法を率先して検討する必要があります。

解説

✎ 与信管理担当者の役割

M&Aを進めるには、経営戦略、会計、ファイナンス、会社法、税務、労務など会社経営に関する幅広い知識が要求されます。一般的には、会計は会計士、税務は税理士、法務は弁護士というように、それぞれの専門家が専門的なサービスを提供していますが、すべてを専門家に頼っていたのでは迅速かつ正確な判断ができません。そのような意味で、これらの分野に日頃から触れており、専門家によるアドバイスの内容が理解できる程度の知識を有している与信管理担当者の役割は非常に大きいと言えます。

✎ 買収企業の価値評価

対象企業を買収することが自社にとって有益でなければ、M&Aを進める意味がありませんので、買収企業の価値評価は、M&Aにおいてきわめて重要な作業と言えます。

　価値評価の方法としては、一般的には DCF（Discounted Cash Flow）法や時価純資産法、類似会社比較法などを用いて算定しますが、いずれの場合でも、買収後の事業計画に基づく収益見通しを立てる必要があります。事業計画を立案する際には、M&A によって生じるシナジー効果を考慮することも忘れてはいけません。

　しかし、これらの算定においてリスク評価が適切に行われず、机上の空論となってしまっては M&A の結果として十分な効果が得られない可能性が高くなってしまいます。だからこそ、与信管理部門が有する事業の本質を評価できる知識と経験、自社事業に関する深い理解によって、買収企業の事業性の評価や自社とのシナジー効果、経営統合にあたってのリスク評価を行うことが重要と言えるのです。

✎ M&A に必要な知識やスキル

⑴　専門知識・スキル

①　経営戦略：経営戦略の基本的セオリー、SWOT 分析や PPM（プロダクト・ポートフォリオ・マネジメント）などのフレームワーク

②　会計：簿記の基礎知識、原価計算や連結会計に関する知識など

③　ファイナンス：投資採算性計算（NPV、IRR）、企業価値評価手法（DCF 法、類似会社比較法、時価純資産法）など

④　会社法：会社の機関設計、株式、事業譲渡、合併、株式交換等の知識

⑤　税務：法人税の基礎的な知識全般

⑥　その他：独占禁止法、金融商品取引法、労働法など

⑵　ヒューマンスキル

　M&A において交渉相手は、買収する相手側だけとは限らず、自社内にも存在し、案件を成立させるためには関係部署や決裁者への根回しなども重要になるため、具体的には高度なコミュニケーション能力、ストレス耐性、交渉力、行動力が求められます。

Part5

取引をはじめよう!

Q68 取引先の信用力が十分ではない！取引をやめるべき？

A 　与信管理の目的は、取引リスクを把握して、安全に取引を行うことですが、それは「リスクがある先とは取引を行わない」ということではありません。与信管理においては、取引先の信用力が十分でない場合においても、可能な限りリスクを小さくし、取引を行える状態にすることが重要です。

解説

✎　安全な取引とは

　与信管理を行ううえで勘違いされがちなのは、「安全な取引を行う」ということが、「安全な取引先だけを選定して取引を行う」と解釈されることです。

　もちろん安全（優良）な取引先だけを選んで取引を行えば、リスクは小さくなり、安全な取引を行うことが可能になります。しかし、それができるのは、一部の優良企業だけであり、多くの企業では、安全（優良）な取引先との取引に限定してしまうと、十分な売上を確保できずに業績の悪化を招くことになり、本末転倒です。

　与信管理で重要なことは、「安全な取引先を選定する」ことだけでなく、「リスクがある取引において、いかにリスクを小さくできるのか」ということなのです。リスクを極小化して自社が受容できる水準になれば、取引を行うことが可能になり、同時に自社にとって業績を上げるチャンスに変わるのです。

✎　リスクを極小化する

以下の方法により、取引リスクを小さくすることができます。

・取引額の縮小により、与信金額を減少させる。

・決済方法を前受金にしたり、回収サイトをできるだけ短くすることで、掛け取引としてのリスクを低減する。

・支払方法を優良会社振出の裏書譲渡手形に指定するなど、できるだけ回収可能性が高い方法にする。

・担保を活用し、代金不払いとなった際の保全を図る。担保を取得する際には、不動産担保のほか、債権譲渡担保や動産譲渡担保、保証金など、幅広く検討し、回収可能性を高める。

・あらかじめ債権が回収不能になることを想定して、取引における利幅を高く設定し、取引内での利益を通常よりも多く確保することで、回収不能見込み額の補填を図る。

・取引信用保険やファクタリングなどの金融サービスを活用し、コストをかけて、リスクを他者に転嫁する。

　これらのほかにも、契約書内で自社に有利な条項を盛り込むことで、有事の際に速やかに債権回収が行えるようにしたり、取引先の状況を十分に把握しておくことで、債権回収の手法が広がったりと、取引のリスクを極小化するための材料は至るところに転がっています。

　取引先の信用力を分析した結果、十分な信用力が見込めなかったとしても、自社の工夫や日頃の準備によって、取引リスクを自社が受容可能な範囲に縮小することは、決して不可能ではありません。

Q69 仕入先に対しては、与信管理をしなくてもいいの？

A 仕入先は一般的に売掛債権が発生しないことから、前払い時以外は、与信管理をしなくてもよい先と認識されがちですが、「仕入先が継続的に商品を供給できるか」、「商品にクレームが発生した場合に対応できるか」、「損害賠償を請求することになった場合に対応できる財務体力を有しているか」といった点について評価・管理しておく必要があります。

解説

✎ 安全な取引のための仕入先の管理

　安全な取引を行うためには、販売先の管理だけでは十分ではありません。なぜなら、販売先に対して安定的に販売するためには、その前提として、自社が販売先に対して安定的に商品を供給する必要があるからです。

　どんなに優良な販売先を有していても、仕入先からの商品供給が安定していなければ、販売先から商品供給義務違反を主張されるリスクを抱えることになってしまい、販売先に対して与信管理を行っている意味がなくなってしまいます。安全な取引を目指すという観点では、販売先だけでなく仕入先に対するリスクも考慮して取引を行うことが、自社にとっての安全な取引につながるのです。

✎ 商品供給能力

（1）　代替品納入能力

　販売先やエンドユーザーから、自社が納品した商品に対するクレームが

あった場合には、仕入先からただちに代替品を納入してもらう必要があるため、迅速に対応できる能力を有しているかを評価する必要があります。

⑵　在庫保有量

在庫過多な状態にある場合、会社の資金繰りを圧迫していたり、不良在庫となっている可能性が考えられます。しかし、営業活動のなかで在庫が不足しないように「発注してから納品されるまでの期間」×「納品までの期間内に通常消費する商品数量」程度は確保しておく必要があります。

⑶　生産ライン

設備は老朽化していないか、入荷・出荷などの管理体制は整備されているかなどを確認しましょう。

✎　資金力・財務体力

⑴　財務体力

自己資本比率は30％以上もしくは業界水準を満たしているか、現預金を月商の1～3カ月分程度は有しているかなどを確認し、急な資金需要に対応できる財政状態であるかを評価する必要があります。

⑵　キャッシュ保有量・資金調達力

仕入先から納入された商品の不具合が原因で商品回収や事故が生じ、仕入先に対して損害賠償請求することになった際に、その支払いが可能な財政状態なのか、保険等による保全が行われているのかを確認する必要があります。

✎　取引集中化の回避

仕入先が倒産し、商品の提供が受けられなくなってしまった場合、自社の販売先から供給責任を問われる懸念があります。仕入先が少数の場合、依存度が高まってしまうことから、複数社から仕入れができるように取引ルートを拡大させておくことが重要です。

Q70 新規の取引相談があった！ まず何を調べたらいい？

> **A** 　過去に自社との取引履歴がない企業と取引をする場合には、「自社はまだ相手のことをよく知らない」ということを認識し、取引相手の素性など、基本的な情報から確認することが大切です。
>
> 　与信判断を行ううえでは、定性情報、定量情報、商流情報の３つの観点から情報収集を行うことが有効といえます。

解説

✎　取引相手の把握

(1)　定性情報

　まずは、ホームページや商業登記簿謄本などで、その企業が実在するか、名刺に書かれている社名と一致しているか、事業内容は今回の取引内容と一致しているか、などを確認することで、取り込み詐欺の被害を防止することにもつながります。

　定性情報は主にヒト・モノ・カネに分類できます。代表者や役員（ヒト）の情報に関しては、近年ではコンプライアンスの観点から、反社会的勢力との取引に巻き込まれないように、いわゆる「反社チェック」を行うことも重要な活動となっています。

　他にも扱っている商品（モノ）や取引金融機関（カネ）に関する情報収集も重要です。

(2)　定量情報

　定量情報としては、取引先の業績が把握できる決算書（**Q75**、**Q76**にて詳

述）の他、従業員数や事業所数などが該当します。数値情報は、客観的な分析を行ううえで重要な材料となります。

✎ 取引内容の把握

　取引の可否を検討するために必要な情報は、上述した相手先の情報だけでなく、自社がこれから行う取引がどのような性質やリスクがある取引なのかを十分に把握しましょう。

　取引の内容を把握する際には、今回行う取引はどのような形態なのか、取引する商品やサービスはどんなものなのか、取引条件は自社に不利な内容ではないかなどを知ることが第一歩となります。例えば売買取引の場合、販売代金は、いつ、どのように回収できるのか、販売した商品は取引相手からどのような販路で流れていくのか、などを確認し、商品やお金の流れを把握していきます。販売形態や取引条件を確認後、自社で立替資金が必要な取引の場合には、自社の資金繰りに影響がないか確認し、必要に応じて取引条件の変更を打診しましょう。

【入手すべき資料】
➢　相手先から入手できるもの
　企業パンフレット、商品カタログ、決算書（3期分）、販路情報、代表者および役員の経歴書、会社組織図など
➢　相手先以外から入手できるもの
　商業登記簿謄本、不動産登記簿謄本、企業概要データ、信用調書、決算情報、新聞・雑誌の記事、信用不安情報

取引先を訪問する！
どんな情報を得てくればいい？

A 　情報収集はその後のすべての行動を左右する重要な作業です。また、その情報の種類は多岐にわたり、入手方法もさまざまです。中には取引先の現場でしか得られない情報もありますので、訪問時にはチェック表を持参して確認することも有効です。

解説

✎　取引先から入手すべき情報

　取引先から直接入手可能な情報は、会社案内、商品カタログ、組織図、決算書（貸借対照表、損益計算書）、税務申告書、勘定科目明細書、事業計画書、資金繰り表などが挙げられます。決算書は、官報や調査会社など外部から入手できる場合もありますが、取引先から直接入手することで、内容についてヒアリングしやすくなるメリットもあるため、できるだけ直接入手するように心掛けましょう。

✎　現場で入手すべき情報

　取引先の情報については、現場でしか得られないものが多く存在します。「従業員の対応や社内の雰囲気は悪くないか」、「社内は雑然としていないか」、「倉庫などに必要以上の在庫が積まれていないか」、「工場の稼働状況が悪くないか」、「店舗や工場の立地条件は悪くないか」など、さまざまな点に目を向け観察することで、危険な情報をいち早く察知できます。次項のようなチェックリストを用いて取引先の定性情報を数値化することで、自社方針の明確化を図ることも有効です。

【図表】現場訪問チェックリスト

チェック内容	チェック項目	評価	得点	ポイント
① 会社・商品のパンフレットの確認	企業概要は最新の情報に更新されているか	○ 最新情報	30	まずは企業理念、企業内容を簡単に把握し、取扱商品に市場価値はあるかなど競争力をみる。
		△ 2〜3年前	10	
		× 3年以上	0	
	商品は現在の市場のニーズに合っているか	○ 競争力あり	50	
		△ 一般的	25	
		× 競争力なし	0	
② 社長の事業意欲	経営者とオーナーは別人か	○ 一般経営	30	取引先が中小・零細企業ならば社長に直接会える可能性は高い。経営者として社長がどのくらい資質や事業意欲を有しているのか、経営状態を把握しているのかなどを見定める。
		△ オーナー経営	20	
		× 経営者の実権なし	0	
	社長と役員・社員の関係は良好か	○ 良好	40	
		△ 不明	15	
		× 悪評あり	0	
	社長は業績の状況をしっかり把握しているか	○ 財務面も把握	40	
		△ 業績は把握	20	
		× 知らない	0	
	社長は本業以外のことに肩入れしていないか	○ 健全	30	
		△ わからない	15	
		× 肩入れ傾向有	0	
③ 役員や幹部社員の状況	幹部社員が最近突然退職していないか	○ 退職なし	30	幹部社員の退職で経営が悪化するケースは多い。突然の退職ということがあれば、理由を確認すべきである。
		△ 不明	15	
		× 退職した	0	
	役員構成に変化はないか	○ 変化なし	30	
		△ 一部変化あり	15	
		× 大幅変化あり	0	
④ 社員の本音、取引先からの評判	経営方針に対する不満が聞かれないか	○ 理解度高い	50	経営者の経営手腕や人柄など、従業員や既存の取引先からの評判について情報収集し、周囲の評価をチェックする。社員や取引先から見たイメージには具体性があり、その会社の魅力・信用を計る有効な材料となる。
		△ 特に意見なし	25	
		× 不満あり	0	
	取引先からの評判は良いか	○ 評判よい	50	
		△ 普通	25	
		× 評判悪い	0	
⑤ 社内・社員の様子	社内は清潔な状態か	○ 清潔	30	見た目が不潔な会社は、社員教育が行き届いていない場合が多く、仕事もだらしないことが多い。経営が安定している会社は、接客態度や言葉遣いなど社員教育に力を注いでいるため、社員の対応に表われる。会社に魅力がなく社員の不満が多い会社は、離職率が高くなりがちであるため、若年層の不在などにも注意しておく必要がある。
		△ 普通	15	
		× 汚い	0	
	デスクは整理整頓されているか	○ 整理整頓	30	
		△ 普通	15	
		× 雑然	0	
	社員の応対・態度は良いか	○ 誠実な対応	40	
		△ 普通	20	
		× 対応悪い	0	
	退職者が頻繁に発生していないか	○ ほとんどなし	40	
		△ 多少あり	20	
		× 多い	0	
	年齢構成に偏りはないか	○ 平均的構成	30	
		△ 中堅いない	10	
		× 年齢層高い	0	
⑥ 主要仕入先の状況	仕入先とのトラブルは発生していないか	○ 発生なし	40	仕入先が安定していなければ、安定して商品やサービスの供給を行うことができなくなり、業績の悪化に繋げるおそれがある。健全な仕入先と良好な関係を保つことが、安定した業績を保つためには必要である。
		△ 納品トラブル	15	
		× 支払トラブル	0	
	問題ある仕入先との取引はないか	○ 健全な仕入先	30	
		△ 固定仕入先	15	
		× 不穏な噂有	0	
⑦ 主要販売先の状況	販売先とのトラブルは発生していないか	○ 発生なし	40	販売先が安定していなければ、売上も安定せず、貸倒れの発生までにも影響が生じるおそれもある。健全な販売先と良好な関係を保つことが、安定した業績を保つめには必要である。
		△ 納品トラブル	15	
		× 支払トラブル	0	
	販売先は優良な企業であるか	○ 大企業	50	
		△ 中小企業	25	
		× 不穏な	0	
⑧ 返品・クレームの発生状況	他取引先からの評判は良いか	○ 非常に良い	50	納期遅延や不良品・欠陥品が頻繁に発生する会社およびクレーム対応をきっちりできていない会社は、ユーザーからの信用が低下しやすい。さらに、同業者に進出の機会を与えてしまうため、営業線線からの撤退をも余儀なくされる。
		△ 普通	25	
		× 評判悪い	0	
	クレーム対応の電話が頻繁にかかっていないか	○ クレームなし	30	
		△ 時々あり	15	
		× しばしばあり	0	
	納期はきちんと守られているか	○ しっかり守る	50	
		△ 相談有	20	
		× 頻繁に遅れる	0	
⑨ 土地・建物・設備の状態	最近本社が移転していないか	○ 移転なし	20	設備投資の実施状況に過不足が生じると、適正な投資効果が得られず経営を圧迫するおそれがある。本社移転や所有不動産の売却に関しては、入念な経営計画に基づくものであるかを確認する必要がある。また、工場や倉庫においては、設備の稼働状況から受注状況を推測できる。
		△ 移転の話有	10	
		× 移転した	0	
	本社・工場等への設備投資は相応であるか	○ 規模相応	40	
		△ 小規模感有	20	
		× 過大感有	0	
	所有不動産が売却されていないか	○ 売却なし	20	
		△ 売却の話有	10	
		× 売却有	0	
	工場の稼働状況は良いか	○ 稼働率高い	30	
		△ 普通	20	
		× 稼働率低い	0	
⑩ 取引銀行との関係・取引状況	メインバンクとの関係は良いか	○ 親密な関係	50	銀行との取引関係は企業の命運を左右する。メインバンクの変更があれば、その原因を調べる必要あり。メインバンクとの関係悪化は、資金繰り悪化を招く。
		△ 過去に変更有	25	
		× 小規模に変更	0	
		合計得点	／100	

チェック結果		
	700点以上	優良企業の可能性高い。定量情報を確認のうえで、取引を進める。
	400点〜699点	取引は、やや慎重に判断する必要あり。定量分析等、今一度詳細の分析・調査を実施。
	399点以下	取引リスクが高い先。十分な調査を実施のうえで、保全等も含めて検討が必要。

取引条件を決めなければ！
何を検討すればいい？

A 　取引を行ううえで、「どのような条件で取引を行うのか」を決めることは非常に重要なことです。たとえば「リンゴを買う」という取引を行う時に、リンゴの価格や数量を決めておかなければ、「いくらで何個のリンゴを買うことができるのか」が不明瞭になりますし、納期や納品場所を決めておかなければ、「注文してから何日後に手に入るのか」、「リンゴは届けてもらえるのか、受け取りに行くのか」もわかりません。
　取引条件は、その設定の仕方によって、取引を有利に行うことにもつながるため、十分に検討して決める必要があります。

解説

✎ 価　格

　取引を行ううえで、商品やサービスの価格を定めることはきわめて重要です。特に価格が市場の相場によって左右されるような場合には、どのタイミングの価格を適用するかによって、取引価格が大きく異なる場合もあります。
　相場の動きが読みやすい商品の場合などには、自社にとって有利なタイミングで価格が決まるように条件設定する工夫が必要です。その他にも、代金回収リスクの高い取引では利益率を高くするなど、リスクに応じた利益率の設定も検討すべきです。

✎ 数　量

　価格と同じく、どれだけの量を取引するかを決めることは非常に重要です。

自社が売手であれば仕入ルートの確保や在庫の保有量、輸送方法などにも影響が生じます。

✎　決済方法

　決済方法については、回収リスク低減の観点から、取引先の信用力に応じた決済方法を定めましょう。信用力が低い取引先の場合には、納品と同時に代金が決済される「現金取引」によりリスクを低減できます。一方、一定期間後に代金が決済される「掛け取引」の場合は、「決済額を確定させる締日はいつなのか」、「締日から何日後に決済が行われるのか」、「決済方法は現金なのか、手形なのか」、などを明確にして、リスクの検討を行う必要があります。取引先における他社への支払サイトや業界平均と比較し、自社の回収サイトが長い場合には取引先に対して、回収サイトの短縮化を交渉すべきです。「回収は早く・支払いは遅く」を基本として、可能な限り自社にとって有利な取引条件にしましょう。

✎　納　期

　納期を定めることは、「注文してから何日後に商品が納入されるのか」、「受注してからいつまでに納品しなければならないのか」というように、売手・買手の両方にとって、重要な事象になります。

　特に売手が受注生産する場合などには、製造スケジュールを組み、計画的な生産を行うためにきわめて重要な要素となりますので、納期を定める際には、商品の性質や自社の準備期間等も十分に考慮して定めることが大切です。

✎　納品方法

　取引する両者が別々に所在している以上、商品の受渡しには輸送が必要になります。輸送に関して、「受渡し場所をどこに指定するのか」、「売手と買手のどちらが費用負担するのか」などといった条件は最低限定めておく必要があります。このほかにも、取引物によって、梱包方法や鮮度維持方法、輸送方法（陸輸、空輸）など、定めるべき条件は異なってきますので、商品の特性を考慮した条件を検討する必要があります。

取引条件（取引サイト）はどのように決めたらいいの？

A 「入金は早く、支払いは遅く」が大原則となります。

　　取引先とのパワーバランスや業界慣習によって、取引条件を自社が取り決めることは難しいこともありますが、取引条件は債権リスクの増減に影響するだけでなく、自社の資金繰りに大きく影響を及ぼすことから、取引条件を決定する際には「入金は早く、支払いは遅く」とすることが交渉のポイントとなります。

解説

✎ 回収サイトと支払サイト

　回収サイトとは、商品やサービスを納品してから代金が回収されるまでの期間のことを指します。一方、支払サイトとは、商品やサービスが納品されてから、代金を支払うまでの期間を指します。

　個人がお店で商品を買ったり、飲食をする場合などにはその場で決済されますが、商取引の場合は、商品の数量や容量が大規模で取り扱われる金額が大きいことや、取引回数が多く、都度現金のやり取りを行うことが煩雑であることから、即時決済されるケースは稀です。

　そのため、多くの商取引では、商品やサービスの提供から代金の支払いまでには期間を設けられており、その期間のことを「サイト」と言います。

✎　取引サイトを検討する際の注意点

(1)　回収サイトを長期化させない

　回収サイトが長期になると、売掛債権額がかさみ、回収できなかった場合の貸倒リスクも大きくなります。一般的には、3カ月を超えると回収サイトとしては長期と考えられますが、業界ごとに水準が異なるため、業界標準を参考にしながら回収サイトを検討すると良いでしょう。

(2)　運転資金を考慮する

　たとえば、下図のように、自社の仕入先Aへの支払条件を「月末締翌月末現金払い」とすれば、仕入れをしてからその代金を支払うまでの期間は2カ月となります。一方、販売先Bからの回収条件を「月末締翌月末振出60日手形払い」とした場合、商品を販売し、その代金が入金されるまでの期間は4カ月となります。

　この場合、2カ月分の代金支払いが先行して発生するため、自社は資金を立て替えなければなりません。この立替えに必要な資金を「運転資金」といい、立替期間が長いほど運転資金の負担が増えてしまいます。

　運転資金を自己資金でまかなえる場合は問題ありませんが、借入れを必要とする場合は、金利負担分も考慮して利益率を設定する必要が生じます。自社には運転資金をまかなう現金がどれだけあるのか、資金繰りには余裕があるのかを常に意識しながら、支払サイトと回収サイトのバランスを考慮して取引条件を設定することが重要です。

【図表】運転資金の考え方

| 仕入先A | モノ → カネ | 自　社 | モノ → カネ | 販売先B |

支払条件：月末締
　　　　　翌月末現金払い
支払サイト：2カ月

運転資金：2カ月

回収条件：月末締
　　　　　翌月末振出
　　　　　60日手形払い
支払サイト：4カ月

Q74 取引条件（決済方法）はどのように決めたらいいの？

A 取引先の信用力によって、決済方法を使い分けましょう。

最もリスクが低い決済方法は、現金による即時決済ですが、通常の企業間取引では稀であり、多くは後日代金を支払う「掛取引」です。債権保全・回収の観点からは、代金の回収リスクを軽減できる「手形決済」による回収も有効です。

解説

✎ 「現金決済」と「手形決済」

売掛債権の決済が現金や小切手の場合は、すぐに現金を入手できますが、手形決済は、数カ月先の支払いを約束するものであり、原則として支払期日まで現金化できません。また、手形での回収には、保管管理や発行事務、用紙代、管理、印紙税のほか、取立てにかかる銀行手数料負担も発生します。

✎ 手形決済の有効ポイント

現金振込による決済の場合、取引先の資金繰りに余裕がある時は問題ありませんが、資金繰りが逼迫してくると、支払いが期日より遅れるリスクがあります。また、取引先が購入した商品にクレームをつけて支払いを拒否してくるリスクも考えられます。このような事態が生じた場合でも、手形決済であれば、手形が担保となり回収の促進につなげることが可能となります。

✎ 手形の担保効力

手形の支払期日に支払いができなかった場合、振り出した手形は「1回目

不渡り」となり、すべての銀行に不渡りの発生が通知されます。不渡りが発生した企業は警戒対象となり、銀行の支援体制が悪化するおそれがあります。

　また、6カ月以内に2回目の不渡りを出すと、「手形交換所取引停止処分（銀行取引停止処分）」となり、実質的な「倒産」となってしまうため、取引先に対して手形を優先的に決済するよう、プレッシャーを与えることができ、いざというときの回収の促進につながることになります。

　また、手形は債権の存在の立証が簡単であり、支払いが拒絶され、不渡りとなったとしても、訴訟を通じて速やかな回収活動の開始につなげることができます。さらに、手形は譲渡が簡単であることから、取引先が振り出した支払手形を自社が裏書譲渡したり、支払期日を待つことなく割り引いて換金することもできます。

✎　手形決済の活用方法

　決済方法を検討する際、一般的には短期間で回収し、債権が肥大化しないよう、現金振込による決済を優先して検討することとなりますが、取引先の信用力が低い場合には、この限りではありません。手形決済であったとしても現金決済に近い回収サイトを適用できれば、手形のほうが回収の確実性が高まる分、有利になることも考えられます。また、取引先振出しの手形でなく、優良な第三者が振り出した手形を裏書譲渡してもらえれば、不渡リスクも低減するため、有効な回収方法と考えられます。

　決済方法を検討する際には、回収サイトだけでなく、取引先の信用力や回収の確実性も考慮しながら、最適な決済方法を選択することが必要です。

✎　約束手形の廃止、電子記録債権の活用

　経済産業省は2026年を目処に現物としての手形を廃止する方針を公表しています。手形の支払サイトが平均100日程度と現金決済の約2倍の期間になっていることや、事務負担などが理由として挙げられており、手形に代わって「電子記録債権（でんさい）」の利用を推奨しています。電子記録債権も手形と同様に担保的効力を有するほか、裏書譲渡や割引も可能です。

Q75 信用力って何？ どのように評価したらいいの？

A 　与信管理における企業の「信用力」とは、その企業の「支払能力」と言い換えることができます。

　企業の信用力を評価するためには、企業の収益力、財務体力、業界環境、商品力、風評など多面的な分析が必要となり、簡単なことではありません。自社評価のみでは、主観的な評価になるおそれもありますので、外部評価なども用いて、客観的かつ多面的な評価を行う姿勢が必要です。

解説

✎　企業の信用力

　一言に企業の信用力といっても、誠実さや社会貢献度、商品の品質など、さまざまな観点での信用があります。与信管理においては、自社の取引リスクを計るためのものさしとして、企業の「支払能力」が最も重要な要素と言えます。支払能力は、収益力や財政状態など数値で表すことができる「定量情報」（**Q76**参照）と業界環境、商品力、風評など数値で表すことができない「定性情報」（**Q78**参照）から判断することができます。

✎　信用力の評価方法

　以下の分析方法による結果を総合的に考慮し、「支払能力に懸念はないか」という観点で評価することが重要です。

(1)　定量分析

　定量分析は、数値で表すことができる情報を分析したものです。企業の支

払能力を計るうえで重要な財務指標を用いて評価を行います。

定量分析には、以下の方法が挙げられます。

① 売上高、純資産額による規模分析

② 自己資本比率、借入月商比率、流動比率、借入依存度による安全性分析

③ 売上高経常利益率、増収率、経常収支率による収益性分析

④ 総資本回転数、売掛債権回転期間、棚卸資産回転期間による回転率分析

(2) 定性分析

定性分析は、数値で表すことができない情報を分析したものです。経営三大資源である「ヒト」、「モノ」、「カネ」と信用不安情報を基に分析します。

定量分析による客観的な数値の結果に定性分析を加えることで、定量分析結果の背景を考察することが可能となり、企業の重要なリスクや事業の総合力を判断することができます。たとえば、売上高の減少という定量情報に、「ライバル会社の攻勢により値段を下げざるを得なかった」、「天候が悪くて需要が伸びなかった」などの定性情報を加えることで、より具体的に経営状態を分析できるようになります。定量分析のみでは把握しきれない信用力を定性分析で深堀りし、定性分析だけでは分からない信用力を定量分析で相互に補完しながら分析しましょう。

(3) 外部評価

自社内のみの分析による主観的な評価に偏らないようにするため、リスクモンスターなどの格付機関や調査会社を活用することも検討しましょう。

✎　信用力評価時の注意点

決算書のような定量情報のみで判断することは、単に数値の良し悪しのみの判断となってしまいがちであり、評価手法として十分とは言えません。一方で、定性情報は、「長年の付き合いで取引関係が深いから」などといった支払能力に関係のない要因が働き、過大（過小）評価となる危険性が考えられます。そのため、信用力を評価する場合には、分析手法に偏ることなく、多面的かつ客観的に分析し、さらに外部評価を加えることで情報不足を補い、より実態を反映した評価を行うように心掛けることが重要になります。

Q76 定量情報って何？

> **A** 定量情報とは、売上高などの金額などの数値で読み取れる情報をいい、代表的なものとして、決算書が挙げられます。
>
> 定量情報を用いた分析を「定量分析」といい、具体的かつ客観的なデータに基づき分析するため、企業評価を行う際の客観的な判断材料となります。

解説

✎ 決算書とは

決算書は、正式には財務諸表といい、企業の財政状態や経営成績の結果をまとめた企業の成績通知書のようなものです。しかし、決算書を作成するのはその企業自身であることから、粉飾決算である可能性が考えられます。粉飾に惑わされないためにも決算書の見方をきちんと理解する必要があります。

✎ 決算書の構成

決算書を構成する書類のうち、主に定量分析に用いられる資料は、貸借対照表と損益計算書、キャッシュ・フロー計算書の3点になります。

(1) 貸借対照表

企業の決算期間終了時点での財政状態を記載した書類です。左右に記されている「負債・純資産」と「資産」のそれぞれの合計金額が一致するようになっていることから、バランスシート（Balance Sheet：B/S）とも呼ばれます。貸借対照表からは、資金の調達方法と運用方法を読み取ることができるため、企業の資金繰り把握に役立ちます。

(2) 損益計算書

決算期間の事業活動の成果をまとめた書類です。「収益 − 費用 ＝ 利益」の関係を表していることから、（Profit and Loss Statement：P/L）とも呼ばれます。損益計算書は、企業の利益を 5 段階で表すことで、企業の収益の源泉を把握しやすくしています。

(3) キャッシュ・フロー計算書

決算期間内の現金の動きをまとめた書類です。現金の動き（流れ）を記載していることから、（Cash of flow statement：C/F）と略されたりします。現金の動きが「営業活動」、「投資活動」、「財務活動」の 3 つの活動区分に分けて表示されており、各活動における現金の動きを把握することができます。

✎ 決算書の入手方法

決算書の最良の入手方法は、取引先からの直接受領です。決算内容に関する不明な点を質問しやすく、実態を正確に把握できるようになりますので、可能な限り直接入手するようにしましょう。取引開始時や取引増額時などは比較的依頼がしやすいタイミングです。内部統制などの社会的要請、管理部門からの依頼などを口実として、可能な限り入手するようにしてください。

また、決算書を入手する際には、複数期（3 期分以上）入手することが重要です。過去からの推移を比較することで、経営のトレンドや決算書の信頼性を把握することが可能となります。

✎ 決算書を取引先から入手できない場合

取引先から決算書を入手することが困難である場合は、官報や建設業経営事項審査（CIIC）などから入手したり、信用調査会社やリスクモンスターなどの企業概要データを公開しているサービスの活用を検討しましょう。

Q77 決算書を入手した！
どのように評価すればいい？

> **A** 決算書評価の代表的な手法として、財務指標分析が挙げられ
> ます。財務指標だけを見れば、正しく決算分析ができるという
> ものではありませんが、財務指標を「ヒント」にして読み解く
> ことで、ただ眺めているだけでは気付きにくい点を浮き彫りに
> する効果が期待できます。財務指標分析は、決算書分析を行う
> 際のアプローチとして積極的に活用すべきです。

解説

✎ 財務指標分析

　財務指標には、さまざまな観点での分析指標があり、代表的なものとして、
安全性分析、収益性分析、生産性分析、成長性分析などが挙げられます。財
務分析において、これらの指標を複合的に用いて分析することで、多面的な
アプローチによる評価を行うことができます。

　しかし、財務指標分析を行ううえでは、「財務指標分析での数値結果は、
単独で絶対的な判断根拠となることはないこと」、また、「複数の指標による
分析結果の多くが、企業が正常な状態であることを示していても、残りの少
数の指標こそが真実を示していることがあること」に注意しなければなりま
せん。つまり、財務指標分析による数値結果は、企業評価の「答え」ではな
く、「ヒント」にすぎないということを忘れてはならないのです。

✎ 安全性分析

　安全性分析とは、企業の財政活動における資本構成の安定度合いを計る指

標であり、「安全性が高い」とは、「支払能力が高い」ことを示します。

　安全性分析の指標としては、自己資本比率や流動比率、当座比率、固定比率、固定長期適合率、借入月商比、借入返済年数などが挙げられます。

✎　収益性分析

　収益性分析とは、企業の事業活動における収益力の度合いを計る指標で、「収益性が高い」とは、「効率よく儲けている」ことを示します。

　収益性分析の指標としては、粗利率、売上高営業利益率、売上高経常利益率などの売上高利益率や、総資本利益率（ROA）、株主資本利益率（ROE）などの資本利益率、売掛債権回転期間、棚卸資産回転期間などの回転期間等が挙げられます。

　赤字企業に対しての対応については、**Q40**、回転期間の異常値については**Q41**で詳述しています。

✎　生産性分析

　生産性分析とは、生産活動に投下した資本に対して、どれだけの価値を付加することができたのか、付加された価値が分配されているかを計る指標であり、「生産性が高い」とは、「生産活動の効率が高い」ことを示します。

　生産性分析の指標としては、資本生産性、労働生産性、労働装備率、労働分配率、固定資産回転率などが挙げられます。

✎　成長性分析

　成長性分析とは、企業の事業力がどれだけ成長しているかを計る指標であり、「成長性が高い」とは、「成長力のある企業」であることを示します。

　成長性分析の指標としては、増収率、増益率、配当性向、株価純資産倍率（PBR）、株価収益率（PER）、1株当たり純資産（BPS）、1株当たり純利益（EPS）などが挙げられます。

Q78 定性情報って何？

A 　定性情報とは、「経営者の資質」や「商品の競争力」、「金融支援の体制」など、単純に数値で表すことができない情報のことを指します。定性情報は、数値以外の情報をすべて包括することから、定量情報よりも情報の種類は多岐にわたっており、得られる情報量も多いことが特徴として挙げられます。特に信用不安情報と呼ばれる重要度の高い情報を入手した場合には注意しなければなりません。

解説

✎　定性情報とは

　定性情報は、経営三大資源である「ヒト」、「モノ」、「カネ」に分けられます。
① 　ヒトの情報：企業情報、代表者、取引先、株主、従業員など
② 　モノの情報：商品力、競合企業、業界動向、設備・工場など
③ 　カネの情報：金融機関、担保、貸倒れなど

✎　定性情報のチェックポイントと情報入手方法

<table>
<tr><th colspan="2">種　類</th><th>チェックポイント</th><th>情報入手方法</th></tr>
<tr><td rowspan="2">ヒト</td><td>企業情報</td><td>商号を頻繁に変更していないか</td><td>商業登記簿・信用調書など</td></tr>
<tr><td>設立経緯や沿革、事業内容に疑義はないか</td><td>商業登記簿・信用調書など</td></tr>
</table>

	代表者	ワンマンではないか、後継者はいるのか	商業登記簿・信用調書など
		内紛は起きていないか	インターネット・信用調書など
	取引先	安定的に商品が供給できる仕入先か	取引先外部格付・信用調書など
		資金繰りに窮している取引先はないか	外部格付・信用調書など
	株主	株主に変更はないか	有価証券報告書・信用調書など
	従業員	リストラ、核となる社員の退職はないか	従業員新聞・信用調書など
モノ	商品力	商品力・ブランド力を有しているのか	HP・商品パンフレットなど
	競合企業	競合企業と比べて競争力を有しているか	HP・商品パンフレットなど
	業界動向	業界内におけるシェアはどの程度なのか	業界地図・業種別審査辞典など
		原価は高騰していないか	業界地図・インターネットなど
	設備・工場	生産効率は高いか	現地確認など
カネ	金融機関	主力銀行（メインバンク）はどこか金融機関の支援体制に変更はないか	商業登記簿・有価証券報告書・信用調書など
	担保	どの程度、どこから設定されているか	不動産登記簿・商業登記簿など
	貸倒れ	貸倒れは生じていないか	決算書（貸倒損失の項目）

✎ 信用不安情報

　信用不安情報とは、信用調査会社や業界内、あるいは取引先内部や競合他社などから伝わってくる会社の信用力に関する不安情報のことです。定性情報としての「情報」について、一例を以下に記載します。

・ヒトの情報：反社会的勢力との関わりが判明したなど
・モノや取引に関する情報：大量返品があった、廉価販売しているなど
・業績の情報：粉飾の噂がある、債務超過に陥っているなど
・権利関係の情報：差押えがあった、動産譲渡登記があったなど
・事件・事故に関する情報：社長や役員が逮捕されたなど
・支払いや手形に関する情報：支払遅延、給与遅配、手形ジャンプなど

　信用不安情報を取り扱う際には、それらの情報の出所や背景を確認し、情報の信憑性について裏付けを取ることが重要です。得られた信用不安情報を基に企業の信用力を見直し、取引に反映させることが重要です。

Q79 不動産登記簿は、どんなところを注意すればいい？

> **A** 不動産登記簿を確認することによって、所有者や担保の種類・設定状況を把握し、取引先における金融機関との取引状況や、資金調達状況を推測することができます。特に、差押登記がある場合や不審な金融業者から抵当権が設定されている場合は注意が必要です。

解説

不動産登記簿の構成

不動産登記簿は、「表題部」、「権利部（甲区）」、「権利部（乙区）」、「共同担保目録」の４つの区分から構成されています。

表題部	不動産の基礎情報 土地：所在・地番、地目、地積など 建物：所在・地番、家屋番号、種類、構造、床面積など
権利部（甲区）	対象不動産の所有者や、所有権の取得原因（売買・相続など）等の所有権に関する事項
権利部（乙区）	所有権以外の権利（抵当権、賃借権、地上権など）に関する事項
共同担保目録	複数の不動産に設定されている同一の担保権に関する記載

不動産登記簿のチェックポイント

(1) 表題部

地目が田・畑の場合、売却には制限があるほか、開発にも農地転用手続が必要となります。また、山林・原野は地価が低く、水道用地や運河用地など

は換価性が乏しいため、担保として適さない点に注意が必要です。

(2)　**権利部（甲区）**

当該不動産の所有者が表記されているため、不動産の所有状態を確認するうえで重要な項目となります。ただし、所有権に関する登記は義務ではなく、登記上の所有者と実際の所有者が異なるケースも稀に存在します。

権利部（甲区）に差押え・仮差押え・仮処分などの登記がされている場合は、債務の弁済ができず、当該不動産に処分制限がかけられていたり、競売申立てが行われている状態を表しています。登記記録の債権者が国や自治体となっているケースのほとんどが、税金滞納による差押えです。また、債権者が金融機関などの抵当権者である場合には、借入れの返済が滞り競売の申立てが行われている状態といえます。

(3)　**権利部（乙区）**

不動産謄本において、最も多くの与信関連情報を読み取ることができる項目です。

本社物件に第1順位抵当権を設定している金融機関は、当該企業のメインバンクであることが想定されます。所有不動産に設定されている根抵当権の極度額の合計と決算書の勘定科目明細に記載された金融機関ごとの借入金と比較することで、資金調達余力を計ることができます。また、決算書が入手できない場合でも、抵当権の設定状況から、取引金融機関の銘柄や支店を読み取ることができ、借入状況などを推測することができます。

ノンバンクなど、金融機関以外による抵当権設定がある場合は、銀行等から資金調達することができないために、高利の金融業者から資金調達せざるをえない状態にある可能性が高く、資金繰りが逼迫しているおそれがあります。また、個人による抵当権設定がある場合も、資金的な問題を抱えている可能性があるため、注意が必要です。

Q80 社内格付って何？
どのように設定したらいいの？

A　社内格付とは、取引先の信用力を比較可能にするために、取引先を統一的な基準で評価し、簡潔な記号や数字で分類するものです。

取引先の評価要素には、定量評価、定性評価、外部評価のほか、取引内容・債権管理内容の勘案が挙げられ、それぞれの要素が相互に絡み合って取引先の格付を組成することとなります。

解説

✎ 社内格付とは

　企業の支払能力の度合いを「格付」として分類し、それぞれの格付に対して定義付けを行って管理する制度を社内格付制度といいます。社内格付制度によって、取引先の信用力や取引方針等を社内で共有しやすくなるため、与信管理において非常に有効な手法と言えます。

✎ 社内格付設定時のポイント

(1) 客観性
　生存企業だけではなく、倒産企業も分析し、その標準的な財務指標を基にランク分けするなど、客観性のある基準とすべきです。

(2) わかりやすさ
　社内格付の基準がわかりにくければ、意思決定やそれに基づく行動に移れません。格付の段階数を6～8ランク程度にとどめ、社内全体が容易に把握できるものにすべきです。

(3) 管理方針の明確化

　取引シェアが大きい先、問題発生先など集中的な管理が必要な取引先に対して瞬時に判別できる格付を設けることで、営業活動時に注意を払うことができるようにすべきです。

財務内容による評価（定量調査）	+	定性要因による調整（定性評価）	+	外部評価の勘案	+	取引内容・管理内容の勘案	+	最終格付
自己資本額、売上規模、自己資本比率、借入月商比、経常収支比率、増収率…etc.		成長率、市況、参入障壁、親会社支援、経営者能力、内部統制…etc.		リスクモンスター、TDB、TSR、格付機関…etc.		取次シェアが高い、月次決算取得…etc.		

格　付	リスク程度	格 付 の 定 義	倒産確率
A	実質リスク無し	支払能力が非常に高い	0.05％
B	リスク少	支払能力が高い	0.25％
C	平均水準	支払能力は中程度	0.90％
D	平均水準比低下	将来の支払能力に懸念がある	1.50％
E	要注意	支払能力に懸念がある	2.50％
F	要警戒	通常取引不的確先	6.00％
S−●	集中管理先	取引シェアが高い	
X	問題先	回収遅延発生などの問題を抱えている	
J	自己先	倒産状態にある	

※取引シェアが高い先は集中管理対象先として格付の額に「Ｓ」を付ける等。

🖉　社内格付の効果

(1) 与信リスクの定量化

　客観的指標に基づく格付によって売掛債権に内在する与信リスクを定量化することができます。

(2) 取組方針の明瞭化

　格付によって個社別にリスクを把握できるため、「積極的に取引拡大を図るのか」、「現状維持に努めるのか」、「撤退するのか」、といった取組方針を定めることができます。

(3) 与信管理業務の効率化

　格付を基にした全体的な与信管理ルールを定めることで、リスクに応じた管理、業務の効率化と審査能力の向上を図ることができます。

Q81 与信限度額って何？ どのように決めるの？

A 　与信限度額とは、「取引先が倒産した場合に許容できる損失の上限金額（安全な取引額）」と「営業部門が取引条件に基づいて算出した与信金額（必要な取引額）」を考慮し定められた債権残高の最高額のことです。

　　与信限度額は、「絶対に超過してはならない与信の最高額」であるため、取引先ごとの与信残高が月中、月末のいかなる時点でも超えないように管理することが重要となります。

解説

✎　与信限度額の設定

　与信限度額は、「当該取引において、必要かつ安全な金額」であるべきとの考えから、①営業部が、取引金額と回収サイトなどから「必要な与信限度額」を算出し、与信限度額申請書に記入のうえ申請する、②申請された金額に対して、管理部門が取引先の信用力と自社の財務体力等の「安全性」を鑑みて審議を行い、③決裁者が申請内容と審議内容を勘案したうえで決裁する、という流れで設定されることが望ましいです。

✎　各部門での与信限度額の算出方法

⑴　営業部門

必要な与信限度額（売買取引）：月間取引金額×回収サイト（期間）

　季節変動等を考慮し、与信金額1カ月分を上乗せするなど柔軟性を持って設定すると運用がしやすくなります。ただし、需要と乖離した多額の与信限

度額を設定してしまうと、与信額が急増した場合に管理部門が検知できない
おそれがあるため、必要最低限の金額を設定することが重要となります。

(2)　管理部門

安全な与信限度額：以下のような方法を用いて設定します。

設定方法	利　用　法
正味財産分割法	正味財産（純資産）を規準に決める方法
月商1割法	販売先の月間売上高の10％を取引限度とする方法
段階的増枠法	初めは低く設定し、段階的に増枠する方法
同業企業比較法	取引先の中で標準企業を選定し、比較する方法

✎　与信限度額申請のタイミング

　新規取引を開始する時だけでなく、与信限度額を増額する時や取引先の信
用力に変化が生じた時などに申請する必要があります。特に取引増加によっ
て与信限度額を増額する必要がある場合には、与信限度額の超過が発生しな
いよう、必ず事前に限度額増額の決裁を得ることを徹底する必要があります。

✎　優良企業に対する与信限度額

　与信限度額の上限は、取引先の信用力に大きく左右されます。しかし、優
良な取引先であれば、青天井で取引してもよいというものではありません。
上述のとおり、「必要な与信金額」と乖離が生じない範囲で、かつ取引先の
信用力のみでなく、自社の財務体力や取引先における自社の取引シェアなど
も考慮した「安全な与信限度額」と比較して、与信限度額を設定すべきです。

　この観点から、リスクモンスターでは安全な与信限度額として、①自社財
務体力、②取引先への売込シェア、③決裁権限金額という3つの金額の最小
値を適切な金額とする方法を推奨しています。

Q82 与信取引申請をしたい！
申請書には何を書けばいい？

A 取引を開始するためには、与信取引申請手続により社内決裁を得る必要があります。与信取引申請では、取引先の情報や取引対象物、取引金額、決済条件、商流など、取引に関する情報を申請書に記載し、申請します。

解説

✎ 記載すべき事項

与信取引申請書では、「当該取引先と取引を行うこと」、「与信取引の実施により与信を供与すること」を申請するため、その判断材料となる以下の情報を記載する必要があります。

・取引先の基本情報（商号、所在地、業種、資本金など）
・取引する対象物（具体的な商品名、型番など）
・取引量・金額
・決済条件（回収サイト、支払方法）
・今回設定する与信限度額および与信限度期限
・取引経緯
・債権残推移（当面1年間の取引推移を含む）
・管理手法（取得資料、基本契約）
・債権保全方法（保証金など担保設定の要否、基本契約書の締結など）

その他、与信取引判断の材料となる情報としては、グループ企業情報や決算サマリー、特記すべき定性情報、今後の取引方針等が挙げられます。

✏️ 必要書類の添付

　与信取引申請時には、審議者や決裁者が判断しやすいように、必要に応じて決算書類や信用調書、担保資料などを添付します。

【図表】与信取引申請書

受付番号：									

与信取引申請書
【 ■新規 □継続 □増枠 □変更 □臨時 】

前回決済日		今回申請日	
		今回決済日	

申請部署		申請者		(印)

1．取引基本情報

商号		法人番号		社内格付	
所在地					
業種		資本金			
取引商品		型番等			

取引量・金額	月平均売上 (千円)	年間売上高 (千円)	年間粗利益 (千円)	粗利益率 (%)

回収サイト		支払方法	

申請限度	現在限度額	債権残高	今回申請限度額	限度期限

取引経緯（新規）		取引開始年月（既存）	

他部署限度額	部署名①		部署名②		部署名③		合計額	
取引経路		⇒	自社	⇒		⇒		

2．債権残高推移予想（月末の債権残高を記載すること）

年月	2022年1月	2022年2月	2022年3月	2022年4月	2022年5月	2022年6月	2022年7月	2022年8月	2022年9月	2022年10月	2022年11月	2022年12月
金額												

3．管理手法

訪問頻度		反社チェック	
取得資料	■決算書 □会社パンフレット □与信ナビ □有報 □信用調査 □商業登記謄本 □その他（ ）		
基本契約	□有 □無	出資・役員の派遣等	

4．債権保全方法

保全内容	担保取得：□現金 ■不動産 □有価証券 □個人保証 □債権譲渡担保 □その他（ ）
	保険・保証：摘要（ ）
	廻し手形：銘柄（ ）
	買掛金：摘要（ ）
	債権保全額合計：　　　　　　　　債権保全率

5．申請者、調整者所見

（営業戦略上の意義、与信根拠などを記入）

6．審査意見

審査担当者印	
(印)	

7．決裁者意見

決裁者印	可決	条件付可決	否決	
(印)				

索　引

た 行

執筆者一覧

≪監　　修≫

田邉　愛（たなべ　あい）

藤本　太一（ふじもと　たいち）

川本　聖人（かわもと　まさと）

≪監修／執筆担当≫

阿部　哲也（あべ　てつや）

永藤　潤（ながとう　じゅん）

≪執筆担当≫

浦　　雄一（うら　ゆういち）

中島　萌（なかじま　めぐみ）

和泉　学（いずみ　がく）

新樹　佑理（あらき　ゆり）

≪監修者紹介≫

田邉　　愛

弁護士（弁護士法人堂島法律事務所）／リスクモンスター株式会社社外取締役（監査等委員）

　2011年弁護士登録。堂島法律事務所（大阪）を経て，2017年～2019年財務省関東財務局証券検査官。2018年1月～6月内閣府事務官（証券取引等監視委員会事務局）。2019年より現職。金融法務，ガバナンス，倒産処理，債権管理・回収を専門とする。

≪著　　書≫

『金融機関からみた事業再生・企業倒産』（東京弁護士会金融取引法部編・金融財政事情研究会），『ウィズコロナ／アフターコロナの経営改善支援実践コース』（共著・きんざい），『ケーススタディ日本版司法取引制度　会社と社員を守る術　平時の備え・有事の対応』（共著・ぎょうせい），『弁護士が活用する労働判例』（共著・大阪弁護士協同組合）

≪著者紹介≫
リスクモンスター株式会社

　2000年9月設立。同年12月よりインターネットを活用した与信管理ASPクラウドサービス事業を展開。2005年3月大阪証券取引所ヘラクレスに上場し、JAS-DAQへの所属変更を経て、2016年9月東京証券取引所市場第二部へ市場変更。2022年4月同取引所のスタンダード市場を選択。グループの法人会員数は2021年12月末時点で1万4,000社を上回る。国内最大級の企業データベースと倒産企業モデルを比較分析することにより、企業の信用力を格付けしたRM格付の提供のほか、会員企業の取引先全体に対して与信リスクを定量化し、リスクの所在を明確にするポートフォリオ分析サービスなどのコンサルティングを行っている。さらにBPO事業、グループウェア事業、e-ラーニングや研修サービスなど教育支援サービス事業を展開し、サービスの拡充を図っている。

データ工場

　格付データの作成、分析を中心業務として行うことに加え、与信管理に関わるサービスの企画や会員企業の与信管理支援コンサルティングを担当する、いわばリスクモンスターの"心臓部"。名前の由来は、優れたサービス・製品を生み出す工場のように、日々入ってくる様々な情報という原材料を加工、分析することで付加価値を高め格付や各種サービスを生産していくことによる。わかりやすく精度の高い情報を、お客様により早く提供することをモットーにしている。

≪著　　書≫

『リスクはじきに目を覚ます～「内部統制」時代の与信管理』（データ工場著・ダイヤモンド社）、『日本を元気にするリスモン式与信管理力～会社格付とデータと女将』（データ工場著・ダイヤモンド社）、『取引先リスク管理Q＆A』（データ工場著・商事法務）、『与信管理論（第3版）』（リスクモンスター編・商事法務）、『事例にみる信用取引トラブル解決集』（データ工場著・商事法務）、『リスモン業種別審査ノートVol.1（第2版）』、『リスモン業種別審査ノートVol.2（第2版）』（データ工場著）

取引先リスク管理Ｑ＆Ａ〔第２版〕

2014年 6 月30日　初　版第 1 刷発行
2022年 5 月20日　第 2 版第 1 刷発行

著　　　者　　リスクモンスター　データ工場

発 行 者　　石 川 雅 規

発 行 所　　株式会社 商 事 法 務
　　　　　　　　〒103-0025 東京都中央区日本橋茅場町 3-9-10
　　　　　　　　TEL 03-5614-5643・FAX 03-3664-8844〔営業〕
　　　　　　　　TEL 03-5614-5649〔編集〕
　　　　　　　　https://www.shojihomu.co.jp/

落丁・乱丁本はお取り替えいたします。　　　　印刷／侑シンカイシャ
©2022　Risk Monster.com　　　　　　　　　　Printed in Japan
　　　　　　　　　　　　Shojihomu Co., Ltd.
　　　　　　　ISBN978-4-7857-2965-3
　　　　　　＊定価はカバーに表示してあります。